O poder
das pequenas mudanças

O poder
das pequenas mudanças

MARGARET HEFFERNAN

tradução de
DINAURA M. JULLES

Copyright © 2015 Margaret Heffernan
Copyright da tradução em português © 2016 Alaúde Editorial Ltda.

Título original: *Beyond Measure – The Big Impact of Small Changes*
Publicado mediante acordo com a editora original, Simon & Schuster, Inc.
TED, o logo TED e TED Books são marcas da TED Conferences, LLC.

Todos os direitos reservados. Nenhuma parte desta edição pode ser utilizada ou reproduzida – em qualquer meio ou forma, seja mecânico ou eletrônico –, nem apropriada ou estocada em sistema de banco de dados sem a expressa autorização da editora.

O texto deste livro foi fixado conforme o acordo ortográfico vigente no Brasil desde 1º de janeiro de 2009.

INDICAÇÃO EDITORIAL: Lauro Henriques Jr.
PREPARAÇÃO: Francisco José M. Couto
REVISÃO: Carla Bitelli e Raquel Nakasone
CAPA: Rodrigo Frazão
PROJETO GRÁFICO: MGMT. DESIGN
ILUSTRAÇÕES: Hannah Warren
IMPRESSÃO E ACABAMENTO: Ipsis Gráfica e Editora S/A

1ª edição, 2016
Impresso no Brasil

Dados Internacionais de Catalogação na Publicação (CIP)
(Câmara Brasileira do Livro, SP, Brasil)

Heffernan, Margaret
  O poder das pequenas mudanças / Margaret Heffernan; tradução de Dinaura M. Julles. -- São Paulo: Alaúde Editorial, 2016. -- (Ted books)

  Título original: Beyond Measure: The Big Impact of Small Changes.
  ISBN 978-85-7881-346-8

  1. Administração de empresas 2. Mudança organizacional 3. Organizações industriais 4. Planejamento estratégico I. Título. II. Série.

16-00818   CDD-658.4063

Índices para catálogo sistemático:
1. Mudança organizacional : Administraçao de empresas 658.4063

2016
Alaúde Editorial Ltda.
Avenida Paulista, 1337,
conjunto 11
São Paulo, SP, 01311-200
Tel.: (11) 5572-9474
www.alaude.com.br

Compartilhe a sua opinião
sobre este livro usando as hashtags
#OPoderDasPequenasMudanças
#TedBooksAlaude
#TedBooks
nas nossas redes sociais:

/EditoraAlaude
/EditoraAlaude
/AlaudeEditora

Para Pamela Merriam Esty

SUMÁRIO

INTRODUÇÃO		**13**
CAPÍTULO 1	Conflito criativo	**19**
CAPÍTULO 2	Capital social	**37**
CAPÍTULO 3	O pensamento é físico	**55**
CAPÍTULO 4	Como derrubar barreiras	**75**
CAPÍTULO 5	Líderes em todo lugar	**95**
EPÍLOGO	Contradições e contingências	**118**
AGRADECIMENTOS		**124**
REFERÊNCIAS E LEITURA COMPLEMENTAR		**128**
SOBRE A AUTORA		**131**

"Gosto do que está no trabalho – a possibilidade de encontrar a si mesmo."

— Joseph Conrad

O poder
das pequenas mudanças

INTRODUÇÃO

Medimos tudo no trabalho, exceto o que é essencial. Os números são reconfortantes – receitas, despesas, produtividade, contratos, rotatividade do pessoal – e criam a ilusão de controle. No entanto, quando deparamos com sucessos ou fracassos espetaculares, todos, do diretor executivo ao porteiro, apontam para a mesma direção: a cultura. Além das medições, e parece que às vezes além até da compreensão, a cultura transformou-se no tempero secreto da vida organizacional: aquilo que faz a diferença, mas cuja receita ninguém conhece.

O paradoxo da cultura organizacional está no fato de que, embora faça grande diferença, ela é composta por pequenos atos, hábitos e escolhas. O acúmulo desses comportamentos – que vêm de todos os lugares, dos níveis mais altos e mais baixos da hierarquia, de dentro e de fora da empresa – cria a cultura da organização. Ela parece caótica, mas, ao mesmo tempo, é suscetível a tudo o que todos fazem.

Isso é uma maldição e uma bênção. Para os líderes, a maldição está na sensação de que a cultura emerge da vontade própria – ao mesmo tempo que não pode ser medida, também está além do controle. Podemos não conseguir transformar a cultura em dados numéricos, mas podemos medir a alta taxa de fracasso dos programas de mudança de cultura, que é de cerca de 70 por cento. Daí surge a ideia de que a cultura é indefinível, difícil de gerenciar e impossível de comandar.

A bênção é o fato de que as culturas institucionais são sistemas não lineares. Pequenas mudanças – ouvir, fazer perguntas, compartilhar informações – alteram, além do mensurável, as ideias, os *insights* e as conexões que esses sistemas são capazes de produzir. Cada uma dessas coisinhas gera respostas que influenciam o próprio sistema. E todos, do diretor executivo ao porteiro, geram um impacto.

Este *insight* – de que as grandes culturas organizacionais dependem de pequenas mudanças por parte de todos – foi fundamental para a transformação de pelo menos um setor. Quando, em 1972, um avião da British European Airways caiu três minutos depois da decolagem, matando todas as 118 pessoas a bordo, nenhuma modificação isolada na liderança poderia dar conta da escala da tragédia. O que tornou o desastre tão triste foi a constatação de que ele fora causado por problemas já conhecidos por muitas pessoas – preocupações que, se tivessem sido articuladas, poderiam ter evitado as mortes. Na investigação posterior, foi doloroso perceber que a falha em falar com franqueza, fazer perguntas difíceis ou compartilhar informações havia sido fatal. Essas pequenas barreiras entre pessoas, funções e áreas geográficas ameaçaram todo o setor.

Desse desastre, porém, surgiu um modo de trabalhar em grupo – com confiança, compartilhamento de informações e de ideias – que, no conjunto, mudou a cultura da aviação civil. Foram introduzidas novas rotinas que facilitaram discutir preocupações, fazer perguntas, dar sinais de alerta ou compartilhar propostas. Onde antes havia sigilo, surgiu abertura. Onde os erros eram encobertos, passaram a ser reconhecidos como aprendizado, amplamente divulgados, sem vergonha ou culpa. Onde havia condescendência, as contribuições vigorosas eram bem recebidas e começaram a surgir de todos os lados. Essa nova forma de trabalhar foi chamada de "cultura justa" e transformou o meio menos natural de transporte no mais seguro de todos.

Hoje, precisamos de culturas justas em todos os ambientes de trabalho, não apenas para prevenir acidentes mas para extrair de cada funcionário as melhores ideias, observações, preocupações e conceitos que residem em cada mente. Não podemos deixar alguns progredirem enquanto outros ficam sentados, passivos, desmotivados ou desencantados. Nossos desafios são grandes demais, os prazos são urgentes demais e a capacidade humana trancafiada dentro de organizações é rica demais para ser desperdiçada. As culturas justas aproveitam a criatividade, a iniciativa e a inteligência específica de cada indivíduo; elas recompensam a imaginação e valorizam os que dizem a verdade. Elas reconhecem que, como a estrada para o sucesso está repleta de erros, é mais importante conquistar a confiança e incentivar a ambição do que recompensar a obediência. No centro de qualquer cultura sólida existe uma ideia de liderança que não inclui a adivinhação – de mercados, acionistas, partes interessadas, chefes e pares –, mas, sim, a coragem de pensar e falar por si mesmo e em nome de outros.

Como as culturas organizacionais são sistemas não lineares, elas não podem depender apenas de uns poucos superastros laureados; precisam obter energia da ampla inteligência coletiva formada por cada funcionário, associado, sócio e cliente. Nesse sentido, elas são democráticas por natureza e exigem uma atitude mental de generosidade e humildade. As informações não são reverenciadas e guardadas porque representam poder: em vez disso, são compartilhadas e disseminadas para provocar inspiração e *insights*. Se houvesse um único indicador de um ambiente de trabalho saudável, ele poderia ser só a boa conectividade e o consequente fluxo de ideias. Nas culturas justas, cada indivíduo conta. Como diz Randy Papadellis, diretor executivo da Ocean Spray, ninguém ganha a não ser que todos ganhem.

Essa afirmação parece óbvia, e deveria ser. Mas, como dirigi empresas nos Estados Unidos e no Reino Unido, fico chocada com o grau de passividade que vejo nas empresas do mundo todo. Trabalho com diretores executivos que se sentem frustrados com a falta de energia e criatividade que observam no seu pessoal – e, quando converso com os funcionários, percebo que eles também se sentem frustrados pelas regras e pela rotina que limitam o seu pensamento e tolhem a sua iniciativa. Eu assessoro líderes imobilizados pela crença de que precisam saber tudo – e vejo seus seguidores silenciosos, mas ávidos por contribuir mais. Em todos os lugares, todo mundo reclama da compartimentalização, como se os últimos sete anos de eficiência austera tivessem fortalecido mais as barreiras entre as pessoas do que as conexões entre elas.

Perdi a conta do número de empresários que entrevistei e que haviam tido uma grande ideia, porém hesitavam em compartilhá-la por medo de parecerem tolos, fora de sintonia, sem estratégia, agressivos demais, assertivos demais, loucos demais. A passividade, combinada com o silêncio, cobra um preço alto não apenas quando as pessoas sentem que não podem falar umas com as outras sobre seus problemas, mas também quando elas sentem que não podem desafiar e explorar novas ideias. É nesse silêncio que as oportunidades de correção e inovação desaparecem.

Em todos os países que visitei, os habitantes insistiam que esse desafio era só deles. Na Hungria, a história é a responsável pelo medo de falar abertamente; em Cingapura, a questão é o desejo de manter a reputação; na América Latina, o orgulho é o culpado; o holandês responsabiliza a modéstia calvinista, enquanto os britânicos culpam a tradicional discrição, e os americanos se descrevem como conformistas. Com base nesses e em muitos outros locais, concluí que a aversão ao conflito e o desejo de agradar são universais e drenam nossa energia, iniciativa e coragem.

Quando converso com as pessoas sobre esse desperdício de oportunidades, todas me dizem a mesma coisa: é a cultura. A cultura tornou-se o álibi, o bode expiatório para tudo o que está errado. Mas quem pode consertá-la?

Somente todas as pessoas. É por isso que este livro se destina a qualquer pessoa – do diretor executivo ao porteiro – que queira um lugar melhor para trabalhar. Ele trata do acúmulo de ideias e hábitos banais e rotineiros que geram e mantêm a cultura: as formas de falar, ouvir, discutir, pensar, ver. Não se trata de programas de muitos milhões de dólares e muitos anos de duração; são pequenos passos que qualquer um pode dar a qualquer momento, os pequenos passos que marcam o início de uma grande mudança.

Este livro não vai oferecer uma receita simples de transformação do dia para a noite, dicas e truques padronizados adorados pelos palestrantes motivacionais e líderes de torcida corporativos. Em vez disso, aqui há muita coisa sobre o pensamento: um conceito bastante prosaico, de baixa tecnologia, facilmente esquecido e frequentemente subestimado. No entanto, para pensar, temos que parar o que estamos fazendo. Se nos permitirmos parar, a nossa mente viajará para além do clichê, do jargão e da adivinhação. É quando descobrimos no que acreditamos, quem somos e o que precisamos dizer. É quando paramos e pensamos que recuperamos a coragem, a sabedoria, a compaixão, a imaginação, o prazer, a frustração, a descoberta e a devoção que o trabalho pode provocar – em resumo, tudo o que conta no trabalho, além do que pode ser mensurado.

1 Conflito criativo

Imagine uma sala com 21 executivos bem-sucedidos que trabalham para uma marca global de luxo. Estão todos bem vestidos, são bem pagos, educados, e estão em boa situação financeira. Mas esse é o problema. Eles são tão impecáveis que não conseguem se conectar. Então, enquanto na superfície tudo parece bem, na verdade eles estão longe de conseguir fazer o que é preciso. O silêncio não é de ouro; é a supressão do conflito.

Embora o luxo da empresa não seja usual, todo o restante é. A maior parte das pessoas – dos diretores executivos aos porteiros – prefere evitar o conflito a abraçá-lo. Temos medo das nossas próprias emoções e temos mais medo ainda dos sentimentos dos outros. Assim, criamos hábitos e trejeitos para garantir que a discussão nunca surja. Os psicólogos chamam essa atitude de "encobrimento", e seu verdadeiro significado é que ocultamos vários aspectos da nossa personalidade, valores e paixões quando estamos no trabalho. No entanto, ao dedicar tanta energia a essa fuga, deixamos de movimentar as ideias; empacamos e continuamos empacados. Mas as culturas justas destinam-se exatamente a garantir que os conflitos e as ideias apareçam onde eles possam ser vistos, explorados e confrontados com segurança.

Scilla Elworthy pode perceber em um instante os sinais de conflito silencioso. Indicada três vezes ao Prêmio Nobel da Paz, ela dedicou a maior parte da vida ao desenvolvimento de diálogos eficazes entre os fabricantes de armas e aqueles que querem garantir que elas nunca sejam usadas. Os executivos das marcas de luxo podem não ser a sua clientela mais natural, mas ela tem muito a oferecer-lhes.

"Foi um exercício de vinte minutos", ela me disse. "Eles tinham que trabalhar em duplas, sentados frente a frente, em um lugar confortável, onde não fossem interrompidos. A primeira pessoa tem que fazer uma pergunta incomum – como 'Quem você é de verdade?' ou 'O que você mais quer da vida?' Nos cinco minutos seguintes, o parceiro deveria dedicar atenção plena à pergunta, pensar nela com todo o corpo, coração e mente, e explicar em detalhes tudo o que sentia. Os dois deveriam manter contato visual durante esses cinco minutos. O interlocutor precisava ser inexpressivo: nada de sorrisos, sinais de reprovação ou expressões que pudessem conduzir a resposta. Depois eles trocavam de lugar e repetiam o exercício."

O que Elworthy descreveu é um exercício simples, porém nada banal. Exige foco, concentração e honestidade. Ao formalizar a troca, o resíduo que mais obscurece o diálogo no trabalho diário é removido; a conversa fútil ou a adivinhação não poderiam aparecer nesse caminho. Em vez disso, cada pessoa tinha a experiência – tão preciosa em um dia de trabalho – de dizer o que realmente pensava e sentia, e de ser ouvida.

"Não chamamos isso de resolução de conflitos, mas de transformação de conflito. Enterrada sob a pata do dragão há sempre uma pedra preciosa – alguma coisa a ser aprendida com o conflito. Por isso você precisa ser capaz de identificar o que está acontecendo – e então falar sobre isso de uma forma que não seja explosiva."

A experiência se mostrou tão poderosa que agora, quando a organização fica encalhada, a equipe retorna ao processo de Elworthy: eles param, sentam e se reconectam. As perguntas podem se intensificar: O que você ama? Do que tem medo? Quais são suas aspirações mais elevadas?

"O efeito foi tão forte porque colocou as nossas preocupações em perspectiva", lembra um participante. "Passamos a ser mais sinceros uns com os outros. Cinco minutos dessa prática valem por quatro horas de discussão."

O objetivo da cultura justa é trazer à tona todas as informações, o conhecimento e os *insights* necessários para se tomar decisões melhores. Isso significa trabalhar em equipes porque, se for otimizado, o trabalho em grupo provoca o tipo de conflito construtivo do qual surgem ideias melhores, aprimoradas pelo embate de disciplinas e pelo atrito de mentes divergentes. Mesmo assim, quando questionadas, a maioria das pessoas vai afirmar que tem medo do conflito e poucas dirão que o apreciam. Os líderes também não o consideram fácil: 42 por cento dos diretores executivos reconheceram que a área em que se sentem menos confiantes é na resolução de conflitos. Contudo, se for bem conduzido, ele pode de fato se tornar o que Elworthy chama de transformação do conflito: um processo positivo no qual todos crescem.

A diferença faz diferença

O conflito verdadeiramente criativo requer uma gama complexa de personalidades, experiências, estilos de pensamento e atitudes. No entanto, há boas razões pelas quais ele *não ocorre* com frequência. Todos nós somos preconceituosos. Nosso cérebro alcança boa parte de sua eficiência procurando compatibilidades. Quando vejo algo semelhante à minha experiência anterior, pego um atalho e acredito nele, supondo que seja mais ou menos a mesma coisa, e ignoro qualquer novo aprendizado que exija esforço. Mas há uma armadilha. O que é mais familiar para mim? Eu. Eu sou o rosto que vejo no espelho todos os dias e a voz que escuto o dia inteiro. De modo que meu cérebro prefere e se sente mais à vontade e confiante com gente como eu.

É por isso que, segundo as estatísticas, as pessoas maciçamente escolhem como parceiros fixos pessoas que têm mais ou menos a mesma altura, peso, idade, experiência, Q.I., nacionalidade e origem. E foi por isso que, quando eu era uma jovem e ambiciosa produtora de TV e procurava contratar a melhor equipe que pudesse encontrar, contratei mulheres formadas em Ciências Humanas, que falavam várias línguas europeias, tinham menos de 1,70 metro de altura e faziam aniversário em junho: gente igual a mim. As boas equipes precisam de janelas para o mundo, mas o preconceito significa que muitas vezes só contratamos espelhos.

É claro que esta tem sido a fundamentação lógica de vários programas de diversidade; as equipes funcionam melhor quando são formadas por *homens e mulheres*. As redes de informação mais eficientes incluem ampla variedade de pessoas, experiências e especializações. E a maioria das empresas procura refletir os mercados em que atuam. Mas, se nossos preconceitos trabalharem contra nós, como poderemos criar e tolerar a diversidade da qual depende o conflito criativo?

Ted Childs sabia como. Conheci Childs em uma conferência sobre diversidade em Londres na sede da IBM. Esses eventos eram quase sempre liderados por mulheres, então fiquei surpresa quando um afro-americano se juntou a nós. Quando ele começou a falar, descobri por que ele estava lá.

Childs falou sobre a experiência do preconceito: como ele é insidioso, invisível e cego para o talento e para aquilo que parece diferente. Ele descreveu as batalhas que havia enfrentado na IBM para implementar políticas de sucesso para atrair milhares de mulheres inteligentes que não saíssem da empresa quando tivessem filhos, mas que pudessem ser apoiadas e promovidas ao longo da carreira que elas quisessem seguir. Childs falou com mais autoridade sobre a questão de igualdade de gêneros do que qualquer outra pessoa que eu já tinha ouvido. Anos depois eu lhe perguntei como ele havia conseguido ir tão longe. Seria por que ele *não era* mulher?

"Com certeza", ele insistiu. "Lutar por um grupo que não é o seu é uma batalha completamente diferente. Quando consegui o emprego para trabalhar com diversidade na IBM,

ENTERRADA SOB A PATA DO DRAGÃO HÁ SEMPRE UMA PEDRA PRECIOSA: ALGUMA COISA A SER APRENDIDA COM O CONFLITO.

eu não ia ser um líder com foco nos negros. As mulheres, os gays e os deficientes eram o meu foco. Eles me deram as melhores oportunidades de desarmar as pessoas e fazê-las acreditar que sou intelectualmente honesto."

Childs estava explicando o que eu senti naquela noite em Londres: a inquestionável autoridade moral de alguém que não lutava por si mesmo. No verdadeiro debate criativo, o interesse próprio é sempre um ônus, enquanto a abnegação traz poder.

O conflito criativo requer prática

O excesso de homogeneidade não permite o conflito criativo, assim como o medo.

Não existe quase nada na criação ou na educação da maioria das pessoas que as prepare para a ambiguidade e a incerteza de um debate acalorado. Mas isso pode ser aprendido.

"Você treina para audições, exames, para ficar melhor no jogo de tênis", disse-me Brooke Deterline. "Então por que não treinar os tipos de discussões e conflitos que com certeza aparecerão no trabalho?"

Deterline trabalha com empresas no que ela chama de liderança corajosa: ensinar todos os indivíduos de todos os níveis da organização a conseguir, com calma e clareza, levantar as questões, os problemas e as ideias que eles têm no trabalho. Seria possível dizer que a missão dela é reduzir o silêncio organizacional, ensinando as pessoas a identificar os momentos em que querem se levantar e apresentar uma ideia ou um contra-argumento.

"Um dos primeiros programas que realizamos foi no Google", disse Deterline. "O lema deles é 'não faça mal'. A parte difícil foi: como damos poder para as pessoas fazerem o bem? Pouquíssimas pessoas chegam ao trabalho sabendo como fazê-lo ou sentindo que se trata de algo que elas têm permissão para fazer. Por isso elas precisam aprender e praticar."

Há uma década, ciente de que a privacidade dos dados iria se tornar um assunto bombástico, o Google criou o grupo "Liberate", apaixonado pela proteção das informações pessoais. A principal função do grupo de liberação de dados era impedir que as equipes internas pensassem que elas poderiam aprisionar as informações. O grupo tinha a tarefa específica de provocar o debate, pois é assim que as equipes com que ele trabalha se mantêm genuínas.

O conflito nas empresas aparece de muitas formas. Às vezes ele se manifesta como um ritual bem-educado, do tipo que Elworthy encontrou nas marcas de luxo. Muitas vezes, está contido no silêncio que representa o medo de sair da linha – com boas ou más notícias. Em muitas empresas, ele surge em assuntos triviais – a comida, o estacionamento – como um deslocamento das discussões criativas essenciais que ninguém se atreve a começar.

Todas essas situações necessitam de gente com coragem, habilidade e honestidade para direcionar o conflito criativo para os assuntos importantes. Livros como *Giving voice to values* [Dando voz a valores], de Mary C. Gentile; *Como chegar ao sim* (Solomon Editores), de Roger Fisher e William Ury; e

Conversas decisivas (Leya), de Kerry Patterson, Joseph Grenny, Ron Mcmillan e Al Switzler, demonstram que, apesar de as pessoas quererem se abrir, elas enfrentam uma dificuldade genuína de concretizar essa ambição. Tudo o que temos é a voz e o tempo necessário para aprender a usá-la.

Um participante do programa de Deterline, Luke, tinha que sustentar sua opinião contra a de um diretor executivo combativo, que acreditava que a única forma de negociar um contrato era por meio da intimidação e da força bruta – o que ia contra tudo em que Luke acreditava. Então ele adotou a receita simples de Deterline: passou um tempo pensando no conflito, consultou os pares e colocou em prática aquela abordagem.

"Senti muita pressão para agir de forma contrária àquilo que eu acreditava ser o caminho certo", recordou Luke. "Antes, eu teria evitado o conflito automaticamente. Mas como nós praticamos esses tipos de conflito, trabalhei com as minhas crenças e garanti a autonomia para mudar, e continuei com a negociação como achava ser mais adequado. Em vez de perder de vista o que eu valorizava e ceder à pressão do fundador, mantive minha posição, cumpri os prazos e, trabalhando do meu jeito, ultrapassei as metas financeiras do projeto."

Reconhecer quais valores estavam em risco foi um passo fundamental; quando você está cansado, distraído ou muito preocupado com prazos ou metas, até isso pode ser difícil. Testes demonstram que muitas vezes nem percebemos o momento decisivo, e, quando o fazemos, já é tarde demais.

Mas Luke descobriu que identificar o momento em que ele ficou tentado a silenciar fez com que parasse para pensar nas suas escolhas. Assessoria, aliados e prática deram-lhe confiança para firmar sua posição.

Sempre que converso com pessoas que resistiram à necessidade de fugir do conflito, ouço a mesma história: "Havia mais concessões ao sistema do que eu imaginava. E agora vou agir assim outra vez". Elas perceberam que articular os próprios valores, as crenças e as ideias valoriza o trabalho e transforma aquilo que poderia ser um confronto estéril e destruidor de almas em um conflito genuinamente criativo. Ou, como um executivo recordou: "Comecei a ver toda a minha vida profissional como uma experimentação, tanto que passei a aceitar bem os desafios – na verdade, eu procurava por eles –, não apenas para o meu crescimento como também para o crescimento dos outros e a saúde geral da minha organização".

Diferenças cruciais

A filósofa alemã Hannah Arendt define o pensamento como uma conversa consigo mesmo. Entretanto, para as organizações pensarem, essa conversa tem que ser com os colegas – para testar, ampliar e questionar as observações, as ideias, os dados, as interpretações. A riqueza do diálogo requer informações e boas perguntas.

A informação quer ser diferente. Se todos trazem o mesmo conhecimento, então para que ter cinco pessoas na sala quando se poderia ter apenas uma? A unanimidade é sempre um sinal de que a participação não é sincera. Em vez de procurar confirmar os preconceitos e as crenças dos outros, por que não trazer dados, histórias, experiências para enriquecer e expandir o diálogo? Os grandes parceiros de pensamento não são câmaras de eco – eles trazem mentes bem abastecidas, perspectivas novas e desafios. Pergunte a si mesmo: O que tenho a oferecer e que ninguém mais poderá trazer? É para isso que você está lá.

Quando Herb Meyer trabalhava como assistente especia do diretor da Agência Central de Inteligência (CIA) e vice- -presidente do Conselho Nacional de Inteligência dessa mesma agência, era responsável por elaborar as Estimativas de Inteligência Nacional dos Estados Unidos. Mas ele foi ficando cada vez mais insatisfeito com os dados que recebia. Como na maioria das organizações, tudo o que chegava a ele confirmava as opiniões em vigor: a Guerra Fria ainda estava em curso, a União Soviética continuava tão poderosa quanto antes. Meyer ficava intrigado e incomodado com a falta de dados de *desconfirmação*. E se o conhecimento vigente *não fosse* verdadeiro? O que os serviços de inteligência esperavam ver?

Acho que a pergunta de Meyer foi uma das melhores que já encontrei para chacoalhar e enriquecer a investigação que deveria estar no âmago dos processos decisórios críticos. Meyer compilou uma lista de tudo o que poderia acontecer se a União Soviética entrasse em colapso e enviou para as redes de espionagem. Foi uma experiência de custo baixo: se eles não enxergassem nada, então o conhecimento vigente prevaleceria. Mas uma das primeiras informações recebidas foi sobre um trem de transporte de carne que havia sido sequestrado e saqueado. O exército tinha sido chamado, mas foi instruído pelo Politburo a retroceder e não comentar o fato com ninguém.

"Não é isso o que acontece quando tudo vai bem na economia, não é mesmo?", indagou Herb. "Você não vê gente roubando carne e o exército permitindo que saiam impunes. Então esse fato indicava alguma coisa. E houve outros do tipo."

Meyer é amplamente reconhecido como uma das primeiras pessoas no mundo a prever com precisão o colapso da União Soviética – não porque ele tivesse tido um pressentimento, mas porque agiu, procurou a desconfirmação e teve a coragem e a perspicácia de fazer a grande pergunta: O que nós esperaríamos ver se estivéssemos errados? Ele não ficou com as preocupações, mas empenhou-se para obter os dados e os aliados necessários para questionar e mudar o rumo da conversa: o conflito na sua melhor forma.

Perguntas melhores, decisões melhores

As perguntas são o corpo e a alma do conflito construtivo. Elas abrem caminho para a exploração, trazem novas informações e recompõem o debate. Quando frequentava a London Business School, compilei um livro de perguntas porque percebi que, enquanto os estudos de caso logo ficavam obsoletos, as perguntas eram eternas e poderiam se transformar em hábitos da mente.

- Quem precisa ser beneficiado com a nossa decisão? Como?
- O que mais precisamos saber para confiar nas nossas decisões?
- Quem são as pessoas afetadas por essa decisão? Quem tem menos poder para influenciá-la?
- Que parte da decisão precisamos tomar hoje?
- Por que ela é importante? E qual é a importância *disso*?
- Se tivéssemos recursos infinitos – tempo, dinheiro, pessoal –, o que faríamos? E o que faríamos se não tivéssemos nada?
- Quais são os motivos que corroboram que essa é a decisão certa? Quais são as razões que asseveram que essa decisão está errada?

A discussão e o debate ricos são atividades essenciais em qualquer organização porque, quando bem-feitos, trazem à tona medos e dúvidas e também revelam ideias. Eles nos ajudam a ver o que tendemos a ignorar, desafiando-nos a pensar por nós mesmos, pensar melhor, pensar de outra forma. E isso é essencial em todos os níveis da organização. Donna Hamlin faz *coaching* de membros de conselhos de administração para garantir que os debates certos aconteçam. Sua regra de ouro: fazer três perguntas para cada uma das suas afirmações. Isso mantém o diálogo aberto.

No caso de decisões críticas, é aconselhável nomear um advogado do diabo: alguém cuja tarefa será questionar para obter a desconfirmação, defender posições opostas e trazer à tona os dados ou argumentos que foram banalizados, minimizados ou marginalizados. Ninguém deve ficar preso a esse papel – depois de um tempo, até o mais obstinado advogado perderá o foco. Trocar de papéis representa, por outro lado, uma oportunidade fantástica para incrementar o conflito crítico e construtivo: uma experiência que todos precisam ter para refrescar as ideias.

O presidente da Pixar, Ed Catmull, descreve de forma brilhante as ferozes reuniões do Braintrust que acompanham a elaboração de cada filme. Os debates são intensos, as discussões são acaloradas; o que as torna ideais para resolver problemas é a franqueza. Ninguém perde tempo fazendo comentários. Em vez disso, todos apresentam suas melhores sugestões para o conselheiro, que – e isto é fundamental – não tem obrigação de aceitar nenhuma delas. Algumas companhias aéreas colocam em seu conselho administrativo conselheiros de segurança dos concorrentes, considerando que o desafio entre pares é a melhor maneira de ganhar confiança nos assuntos importantes. As duas são formas de colaboração nas quais é essencial ouvir, combinando a experiência, as perguntas e a confiança de longo prazo para trazer à luz os problemas e as ideias originais.

Como tirar o melhor proveito dos erros

As culturas justas requerem que todos apresentem suas ideias, mesclando experiência, atenção, perguntas e argumentos para elaborar as melhores iniciativas e sistemas possíveis. Eles não serão perfeitos; haverá erros no caminho. Mas, se as pessoas tiverem muito medo do erro, não conseguirão falar e pensar com liberdade. Assim, é fundamental, para a ideia de culturas justas, a crença de que, se bem-intencionados, os erros não são motivo de vergonha, mas de aprendizado.

No Massachusetts General Hospital, o cirurgião ortopédico David Ring realizou uma operação do túnel do carpo em um paciente cuja queixa era o dedo em gatilho. Foi só quando redigia suas anotações que Ring percebeu o erro e correu para corrigi-lo. No entanto, não ficou satisfeito. Realizou uma investigação detalhada para descobrir como havia cometido aquele erro. Então deu um passo adiante e publicou suas descobertas no *New England Journal of Medicine*, e acabou virando manchete na imprensa.

Desde então, Ring se tornou um campeão de sinceridade na segurança dos pacientes e na divulgação de erros. "Se você não pode falar sobre os erros", ele me disse, "não aprende nada. No mínimo, isso acaba por convencê-lo de que você é perfeito – o que é perigoso. Se você pode admitir os seus erros, os outros também podem. É assim que se aprende. É assim que organizações inteiras aprendem."

Na vinícola Torres, há um grande livro negro. Não é uma lista de ex-funcionários ou fornecedores que caíram em desgraça. O Livro Negro de Torres é o livro dos erros. Sempre que se comete um erro, a pessoa que o cometeu faz uma anotação lá. Um dos registros foi feito pelo diretor financeiro, que reconheceu um erro de 200.000 dólares cometido em um *hedge* de moeda. A importância do livro, porém, vai além do registro. Todos os novos funcionários o leem ao ingressar na empresa.

Assim, um simples livro compartilha o aprendizado com os erros – para que eles não sejam repetidos – e transmite uma mensagem poderosa: todos erram. Poder e *status* não conferem infalibilidade; os erros são a *via crucis* do progresso.

Toda decisão é uma hipótese. Considerando as informações disponíveis, é feita uma escolha que poderá dar certo ou não em relação aos resultados esperados no futuro. Quando as coisas saem como imaginamos, nos denominamos inteligentes; quando não saem, chamamos de erro. A verdade, porém, é só que aquela hipótese não foi comprovada. Ser capaz de ver esse fato como uma nova informação, em vez de um erro, transforma o debate em exploração, e a discussão, em ideias. Ser capaz de dizer com facilidade "Eu estava errado sobre isso" retira a pressão de ser perfeito.

A maior parte das organizações se limita a defender a importância dos erros, mas pouca gente acredita que seja seguro falar sobre eles. Em um estudo recente, 88 por cento dos participantes disseram que só tratariam dos erros em particular; apenas 4 por cento estavam dispostos a fazê-lo abertamente, na frente dos outros. A correlação na medicina – entre a abertura para tratar de erros e segurança do paciente – é um argumento sólido de que a abertura sobre os erros é o que torna os sistemas mais seguros e mais precisos. Com que frequência e facilidade você reconhece que está errado? Ao fazê-lo, dá permissão aos outros para fazerem o mesmo. Assim como na aviação, procedimentos de alta complexidade ficam mais fortes quando todos cuidam deles, assumem responsabilidades e têm interesse.

O conflito construtivo não é um clube de luta nem um clube social. Na Pixar, Ed Catmull diz que no início todos os seus filmes emperravam. O mesmo se aplica a ideias, dúvidas, preocupações: todas começam mal talhadas, imprecisas, fora de lugar. O primeiro vislumbre de uma ideia ou de uma observação é como ouro bruto: muito apreciado, contudo difícil de encontrar e sem valor imediato. Nós nos juntamos em grupos e equipes para refinar, remodelar e polir. As discussões resultantes são o sinal de que estamos interessados. É por meio desse conflito que o verdadeiro brilho começa a surgir.

2 Capital social

Quando dirigia uma empresa de *softwares* em Boston, reconheci – e também o conselho me disse – que precisávamos reposicionar o negócio. Nosso produto era inexpressivo e genérico demais para entusiasmar ou fidelizar o cliente. Eu precisava de uma equipe para me ajudar e acabei enfrentando o problema com uma turma diversificada: um jovem desenvolvedor de internet, um executivo de mídia maduro e excêntrico, um artista visual, e eu. Passamos uma semana trancados na sala privativa de uma lanchonete, explorando opções, rejeitando respostas fáceis, motivando-nos mutuamente a encontrar algo que nenhum de nós conseguia enxergar. Ao olhar para trás, recordo aquele período intenso como uma das experiências de aprendizado mais inspiradoras que já vivenciei. A equipe era extraordinária – e bem-sucedida –, mas por quê? Como uma combinação tão eclética de pessoas conseguiu trabalhar tão bem em conjunto? O que tornou essa experiência de conflito criativo tão produtiva?

Poderíamos argumentar que tínhamos muitos cérebros na sala – e tínhamos mesmo. Mas também tínhamos algo mais importante. Tínhamos capital social: confiança, conhecimento, reciprocidade e normas aceitas que geravam qualidade de vida e tornavam o grupo resiliente. Em qualquer empresa, você pode ter um grupo de indivíduos brilhantes, mas o que os motiva a compartilhar ideias e preocupações, contribuir para o raciocínio dos outros e alertar o grupo sobre os possíveis riscos é a conexão entre eles. O capital social está no centro das culturas justas: é do que elas dependem – e é o que elas geram.

Em um estudo fascinante sobre a inteligência coletiva, Thomas Malone, junto com uma equipe de pesquisadores do Massachusetts Institute of Technology (MIT), analisou grupos que se mostraram excepcionalmente eficazes na solução criativa de problemas. O objetivo era identificar as especificidades que tornam algumas equipes melhores que outras. Eles descobriram que a inteligência individual (medida pelo Q.I.) não fazia grande diferença. Ter uma grande inteligência agregada ou um ou dois superastros não é essencial. Os grupos que apresentaram mais e melhores soluções tinham em comum três qualidades principais.

Primeiro, eles concediam aos outros tempos mais ou menos iguais de fala. Isso não era monitorado ou controlado, mas ninguém nesses grupos de alto desempenho exercia domínio ou estava só de passagem. Todos contribuíam e nada do que qualquer pessoa dizia era desperdiçado.

A segunda qualidade dos grupos de sucesso era sensibilidade social: aquelas pessoas estavam mais ligadas entre si e percebiam mudanças sutis de humor e comportamento. Elas obtiveram pontuação mais alta em um teste chamado Ler a Mente nos Olhos, que, em geral, é considerado um teste de empatia. Esses grupos estavam socialmente abertos às necessidades dos outros.

E a terceira característica especial era que os melhores grupos incluíam mais mulheres, talvez porque isso aumentasse a diversidade, ou porque as mulheres tendem a ter resultados mais altos em testes de empatia. O que esta e muitas outras pesquisas destacam é como pode ser decisivo o papel da conexão social.

Quando li a pesquisa, pude ver minha antiga equipe. Todos tínhamos inteligência suficiente e um patrimônio de experiências diferentes, mas ninguém fazia corpo mole; tínhamos curiosidade sobre o que cada um poderia oferecer. Sabíamos que precisávamos de uma resposta; sabíamos também que ninguém a tinha e que, portanto, precisaríamos trabalhar juntos para elaborar algo que não conseguiríamos fazer sozinhos. Às vezes, ficávamos frustrados, irritados, sem paciência. Mas ninguém tinha um plano. Todos tínhamos paixão e interesse pelo sucesso coletivo. Nisso tudo, tivemos sorte; mas não podemos fazer algo melhor do que ter sorte?

Como ensinar empatia

Quando eu descrevi a pesquisa de Malone em uma conferência com quinhentos líderes empresariais, um deles perguntou se seria possível ensinar empatia. Seria preciso contratar alguém – ou ela poderia ser desenvolvida dentro de equipes e empresas? Aparentemente, contratar alguém para ensinar empatia – a verdadeira habilidade de imaginar como o mundo é visto pelos olhos do outros – é fundamental. Os clientes e colegas não verão tudo como você vê, e compartilhar as perspectivas dos outros é o jeito de aprender. Mas nenhum de nós começa a vida profissional totalmente formado, e as habilidades essenciais sempre precisam ser desenvolvidas.

Ensinar empatia me fez lembrar de Carol Vallone. Agora ela dirige três empresas de sucesso, mas quando a conheci ela era diretora da WebCt. A companhia era o resultado da fusão da sua empresa sediada em Boston, apoiada por capital de risco (originalmente chamada de Universal Learning Technology), e de uma organização canadense sem fins lucrativos. As diferenças culturais fizeram Vallone enfrentar o desafio de transformar um grupo de pessoas incompatíveis em uma equipe talentosa e funcional, com empatia e respeito, que não eram garantidos.

Quando chegou a hora de preparar o orçamento anual da empresa, cada departamento elaborou o seu próprio – mas então era preciso explicá-lo para um colega, de forma tão convincente que ele poderia defendê-lo na reunião de líderes de equipe. O diretor de tecnologia questionaria o *case* de marketing, o chefe de vendas falaria em nome de operações, e o de atendimento ao cliente explicaria as necessidades de tecnologia. Todos teriam que ver a *empresa toda* pelos olhos dos outros. Eles se sentiram na obrigação moral de fazer o melhor trabalho possível – no mínimo para garantir que o colega faria o mesmo. Tiveram que ouvir todos os outros, e não apenas esperar a sua vez. Na verdade, Vallone estava ensinando empatia: fazendo com que cada executivo visse a empresa pelos olhos dos outros e apreciasse as conexões vitais e as necessidades dos demais.

Em grandes empresas, as pessoas optam por resolver seus problemas em dupla. Um chefe de departamento desafia o chefe regional, e depois eles invertem os papéis. Dessa forma, eles aprendem as necessidades e contingências dos dois cargos; começam a enxergar os temas comuns, as formas de ajudar e de dar apoio mútuo, e a empatia aumenta. Apesar de muitas pessoas fugirem do conflito por terem medo de que ele prejudique o relacionamento, o paradoxo é que o conflito honesto – durante o trabalho duro em conjunto – *aumenta* a conexão social. Quando evitamos a discussão, não acontece nada. Apenas quando participamos do debate, percebemos a nossa capacidade de enxergar os pontos de vista do outro.

Cimento e tijolos

É o cimento, e não apenas os tijolos, que deixa um edifício firme. O cimento, neste contexto, é o capital social: confiança mútua, um sentimento fundamental de conexão que constrói a confiança. A ideia de capital social derivou do estudo de comunidades e do que as faz sobreviver e florescer em tempos de estresse.

Mas o conceito assume importância vital quando aplicado a organizações que agora são perturbadas por mudanças, surpresas e ambiguidades. No trabalho, assim como nas comunidades, a conexão social desempenha um papel crítico para tornar os indivíduos e as empresas mais resilientes, mais bem preparados para lidar com os conflitos.

Ao explorar e reconhecer a interdependência dos chefes de departamento, o exercício do orçamento de Vallone formou os laços que os ajudaram a querer trabalhar juntos em busca de ideias e decisões melhores. Níveis mais altos de capital social geram um tipo de confiança que torna o conflito seguro, mais vigoroso e aberto. Surge um ciclo virtuoso: o conflito criativo bem conduzido gera capital social que, por sua vez, torna o conflito seguro e construtivo. (Por outro lado, a ausência do capital social impede que as pessoas pensem e falem abertamente – e isso significa que elas nunca constroem a conexão social necessária com os outros.)

A construção do capital social parece uma ideia abstrata, mas ela resulta da acumulação de pequenos atos. Quando converso com líderes empresariais a esse respeito, muitos deles reexaminaram pequenas iniciativas que transformaram as bases de sua organização. Um deles me falou da compartimentalização do seu negócio: as regiões geográficas e as áreas técnicas achavam difícil se conectar com as demais e confiar nelas. Então ele pediu que cada área fizesse filmes curtos sobre as outras. Ele não esperava que ninguém investisse muito esforço no projeto, mas mesmo assim se deu ao trabalho de reunir a empresa toda em um cinema para ver o que o pessoal havia feito. O resultado foi surpreendente: filmes com imensa paixão, criatividade e humor que encantaram, motivaram e inspiraram a empresa toda.

"Na época, eu nem percebi", ele me disse, "mas acho que o que estávamos fazendo lá era a construção do capital social." Para fazer os filmes, as equipes precisaram conhecer as outras, e o fato de estar no filme dos outros fez com que as pessoas se preocupassem com os demais. Ao nomear aquela atividade, o diretor executivo percebeu que incentivar as pessoas a investir tempo no grupo era uma necessidade corporativa fundamental.

Algumas empresas aboliram as xícaras de café nas mesas, não para proteger os computadores, mas para garantir que as pessoas se reúnam em volta das máquinas de café. A ASE Global não permite que os funcionários almocem em sua mesa de trabalho. Em parte, para garantir que todos tenham um intervalo. As duas políticas geram oportunidades para que as pessoas se conheçam.

"Tínhamos um refeitório agradável. No entanto, só o fato de tê-lo não era suficiente", disse-me o diretor executivo Rob Jones. "Criamos essa norma para que as pessoas soubessem que apreciamos o valor que elas dão a cada pessoa. Acreditamos que isso é importante para o nosso negócio."

Os suecos têm um termo para designar o tempo que as pessoas passam juntas no trabalho: *fika*. Trata-se de um momento em que todos se reúnem para o café com bolo, dispensam a hierarquia e conversam sobre o trabalho ou outros assuntos. A palavra *fika* significa mais do que o intervalo para o café, já que implica um sentimento de união. O pesquisador sueco Terry Hartig chama isso de "restauração coletiva", alegando que a sincronicidade é o que dá ao tempo valor social e comercial.

Quando Alex Pentland estudou os padrões de comunicação em um *call center*, recomendou que os horários de intervalo fossem alterados, de modo que todos da equipe pudessem fazer a pausa juntos. Aparentemente, não era uma providência eficaz, mas essa oportunidade de construir o capital social rendeu à empresa 15 milhões de dólares em ganhos de produtividade, enquanto a satisfação dos funcionários aumentou em até 10 por cento. Nada mal para o intervalo do café.

Eu não sabia nada disso quando fundei minha primeira empresa de *softwares*. Havíamos reunido muita gente jovem, inteligente, ativa e motivada, que trabalhava furiosamente. Mas todos estavam tão focados em tarefas e metas que havia pouca cooperação. Todos trabalhavam muito, mas trabalhavam sozinhos. Já no primeiro ano, a batalha por território era uma ameaça: os engenheiros reclamavam que o pessoal de marketing fazia muito barulho, e os contadores achavam que os vendedores eram caros demais para quem estava sempre ausente. O trabalho era visto e executado como uma transação; o relacionamento entre as pessoas não evoluía.

O que planejei era tão simples que ainda me sinto constrangida em escrever a esse respeito. Às sextas-feiras à tarde, nós parávamos de trabalhar mais cedo, nos reuníamos e ouvíamos algumas pessoas contarem à empresa toda quem elas eram e o que faziam. Algumas usavam PowerPoint – outras apresentavam cenas de teatro, escreviam músicas ou contavam histórias. Passamos a nos conhecer. Um engenheiro havia trabalhado em um dos primeiros navegadores de internet, um divulgador tinha criado uma *tagline* famosa, um designer russo havia enfrentado riscos enormes ao deixar o seu país. Víamos o respeito crescer. Dez anos depois, o mesmo processo em uma empresa completamente diferente gerou resultados similares; o trabalho entre as pessoas ficou mais direto e aberto, e havia menos medo, já que os executivos passaram a enxergar o valor humano e a ganhar a confiança dos demais. O capital social aumenta na medida em que ele é gasto. Quanto maiores forem a confiança e a reciprocidade demonstrada, maior será o retorno.

O trabalho no MIT quantificou isso. A equipe de Alex Pentland acompanhou os padrões de comunicação de equipes em uma ampla variedade de organizações, de hospitais a bancos e *call centers*. O pessoal descobriu que os padrões de interação eram tão importantes quanto todos os outros elementos (inteligência individual, habilidade, personalidade, conteúdo da discussão) *combinados*. O que acontecia entre as pessoas – não apenas nas reuniões, mas em conversas casuais, comentários breves nos corredores e no bebedouro – fazia uma diferença mensurável na produtividade. E esse acompanhamento quantificava o que nós todos sentíamos: que os verdadeiros formadores de opinião são os nós das redes, ou seja, as pessoas que interagem com maior frequência com o maior número de pessoas. Os seus cargos podem não significar poder, mas isso é o que elas têm – e é por meio delas que o capital social se forma e a mudança se acelera.

O tempo compõe o capital social

Nos meios acadêmicos, o cientista Uri Alon é famoso pelos avanços na fronteira entre a física e a biologia. Ele é mais aclamado, porém, pelo artigo "How to build a motivated research group" [Como formar um grupo de pesquisa motivado], de 2010. (Os cientistas são muito parecidos com os empresários no sentido de que o sucesso depende da identificação de problemas difíceis e de como resolvê-los – muitas vezes em uma corrida contra o tempo.) Alon sabe que o tempo é precioso, mas ainda dedica a primeira meia hora da reunião semanal de duas horas à "não ciência": aniversários, notícias, arte. Isso pode dar a impressão de reduzir o tempo da ciência real, mas ele afirma que, a longo prazo, os ganhos com aumento de motivação mais do que compensam as perdas.

Quando o grupo passa a discutir ciência, ele atribui a cada membro um papel diferente – como juiz ou participante de *brainstormings* imaginários –, que ajuda a estruturar o conflito construtivo no laboratório. Tudo isso, segundo Alon, forma a conexão social da qual todo cientista dependerá quando encontrar a dificuldade e a confusão que sempre acompanham as inovações científicas. Para ele, é o capital social que torna essas descobertas possíveis.

Investigar as conexões entre membros da equipe aumenta a produtividade e também diminui os riscos. O Conselho Nacional de Segurança dos Transportes dos Estados Unidos descobriu que 73 por cento dos incidentes ocorriam no *primeiro dia* em que uma equipe trabalhava junta, e 44 por cento no primeiro voo. Por outro lado, as tripulações que continuavam juntas durante anos apresentavam desempenho melhor do que todas as outras. A pesquisa do falecido Richard Hackman sobre equipes demonstrou que as melhores equipes tendiam a ser muito estáveis; os membros trabalhavam juntos havia muito tempo, se conheciam e confiavam uns nos outros. Incluir e excluir pessoas não as torna mais criativas – gera ruptura e é perigoso: a novidade era um ônus. Mudar de papéis na mesma equipe estável produzia mudança suficiente, e preservava o valor da familiaridade que se desenvolve ao trabalhar juntos com o passar do tempo. Mesmo em pesquisa e desenvolvimento, quando é necessário um novo talento para refrescar as ideais e o conhecimento, Hackman conclui que a inclusão de uma só pessoa, a cada três ou quatro anos, é suficiente.

O BENEFÍCIO DAS EQUIPES DE LONGA DURAÇÃO

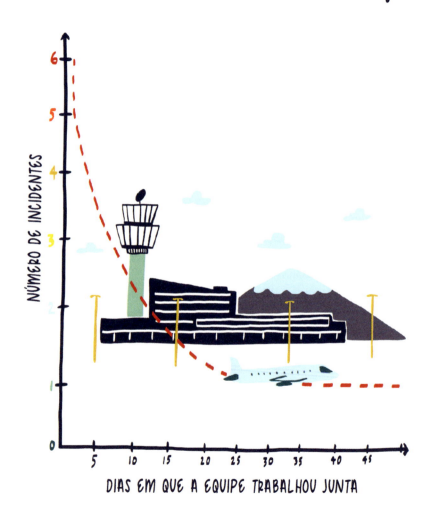

Sem altos níveis de capital social, não se consegue o vigor do debate e da troca exigido pelos problemas difíceis. A criatividade requer um clima de segurança, mas, sem capital social, ninguém se arriscará com um pensamento inovador, uma ideia imprevisível, uma pergunta desafiadora. Quando ouvi um diretor executivo descrever o fracasso de uma organização, ficou claro para mim que até mesmo o maior talento precisa de capital social.

Ele contou a história de um executivo talentosíssimo que havia sido transferido de Hong Kong para a sede na Europa. Todos tinham expectativas elevadas em relação a ele – depois de chegar, porém, ele fez uma má administração. Desconectado da equipe, privado do capital social, só o intelecto não foi suficiente – e, no entanto, quando retornou a Hong Kong, ele voltou a ser um superastro. O mais interessante foi que o diretor executivo concluiu que o indivíduo não tinha fracassado – a organização tinha. Ela fracassara ao avaliar o grau em que o Q.I. sozinho não seria produtivo; ele precisaria de apoio, segurança, sinceridade, conexões e confiança para ter sucesso.

Capital social não é intimidade. Não significa que colegas de trabalho tenham que se tornar grandes amigos ou que a alegria seja um requisito permanente. Muitas das melhores equipes são ríspidas e demonstram pouca paciência com tudo o que não seja o melhor. Orquestras irritadiças tendem a tocar melhor do que as festivas; elas têm foco em tocar melhor, e a felicidade é o resultado, e não a matéria-prima, do trabalho em conjunto. Em organizações com altos níveis de capital social, o desentendimento não parece perigoso, ele é considerado um sinal de preocupação; os melhores parceiros de ideias não confirmam as suas opiniões, mas as desenvolvem. Eles sabem que todas as ideias começam incompletas, com falhas, ou são ruins mesmo. Em organizações com níveis elevados de capital social, o conflito, o debate e a discussão são os meios pelos quais elas são aperfeiçoadas.

Construir o capital social torna as organizações mais produtivas e criativas, porque níveis elevados de confiança criam um clima de segurança e honestidade, o que torna as empresas mais eficientes e também lucrativas. Como? Facilitando os pedidos de ajuda. A solidariedade pode soar como uma qualidade anêmica, mas os estudos sobre equipes em vários setores, tão variados quanto fábricas de papel, bancos, indústrias farmacêuticas e varejo, demonstram que a solidariedade do grupo tem impacto direto nos lucros, nos custos, na produtividade e na eficiência. Equipes de pessoas solidárias aceleram o compartilhamento de informações; não deixam que os outros fiquem empacados ou confusos; procuram evitar os problemas antes que eles surjam e não permitem que colegas fiquem isolados ou sejam excluídos. O capital social cresce mesmo quando é gasto. Quanto mais tempo as equipes permanecem juntas, mais capital social elas acumulam e mais crescem esses benefícios. Confiança, solidariedade, prática e coragem tornam-se produtos renováveis que movem a nossa vida profissional.

O poder de ouvir

Faça esta experiência. Da próxima vez que você participar de uma reunião, prometa a si mesmo que não dirá uma palavra. Pode parecer simples, mas para ouvir é preciso coragem, pois significa que você precisa estar aberto para o que vai ouvir.

Muitos executivos encaram essa experiência como uma espécie de tortura. Eles estão acostumados a reuniões às quais vão com os argumentos prontos para serem despejados. Não ouvem nada, a não ser o momento exato de interferir e encerrar o debate. Contudo, para construir altos níveis de capital social é necessário ouvir e falar na mesma proporção. A igualdade das contribuições que Malone considerou tão importante só se torna realmente dinâmica quando você tem a coragem e a humildade de falar *e* ouvir, e de estar aberto a mudanças.

Na religião *quaker*, ouvir é considerado uma forma de vivenciar profundamente o presente. As reuniões são vistas como representações de uma mente distribuída, e o silêncio de ouvir não é uma falha de comunicação, mas uma forma de apoio social. Eoin McCarthy, um consultor que também é *quaker*, é convocado a assistir várias reuniões de conselho e levantar uma bandeira vermelha quando notar que uma decisão está sendo tomada. Ele me disse que, em geral, os participantes de uma reunião estão tão concentrados na sua contribuição que não percebem quando bloqueiam os caminhos do debate.

McCarthy se tornou um ouvinte profissional. Assim como Matthew Owens, regente do coro da Catedral Wells, no Reino Unido, um dos melhores coros de igreja do mundo.

"É mais importante ser capaz de ouvir do que emitir um som", ele me disse. "Ao cantar, você precisa ouvir os outros e responder. O melhor grupo artístico ouve e responde; é a capacidade de resposta que o diferencia."

Quando Owens ouve, ele está profundamente sintonizado tanto com o todo – o espaço, o humor – quanto com cada cantor. Ele afirma que você precisa de um segundo par de ouvidos. Como regente, Owens faz o que muitos de nós poderíamos fazer nas reuniões: ouvir o humor, incentivar o que funciona e subir o tom antes que ele fique grave, sincronizar o ritmo e a evolução. Ele avalia que o que torna um grupo único é a capacidade de ouvir e gerar uma resposta nova.

Quanto mais sênior você for, mais importante será ouvir. Quando um líder fala, a maioria das pessoas para de ouvir e começa a se posicionar. No entanto, quando o líder não fala, acontece como em um grande coral: as pessoas têm que ouvir e responder umas às outras. É assim que surge o trabalho diferenciado.

Scott Cook, o fundador do Intuit, ouve para detectar surpresas: os comentários ou dados que contradizem ou desafiam suas premissas. Sheryl Connelly, que dirige a divisão global de tendências do consumidor na Ford, anota tudo o que ouve e a surpreende ou do que discorda. Ela também é meticulosa ao tomar notas; ao revisá-las, percebe detalhes que não haviam chamado a sua atenção no calor da hora. Eu tento ouvir o que *não* está sendo dito e estou muito interessada nas emoções do grupo e até que ponto cada um reage a elas. Rabisco muito; isso me ajuda a ficar de boca fechada – e há certa comprovação de que rabiscar ajuda a reter o que se ouve. Alguns grupos com os quais trabalhei se revezam para indicar um ouvinte – não exatamente um juiz, mas alguém cujo papel é ouvir o subtexto. Ninguém que já esteve nesse papel sai dali achando que é uma escolha fácil. Alguns até fazem um esquema da discussão, com uma coluna para o que é dito e outra para o que significa. É uma forma simples de explicitar contradições, medos e verdades não ditas.

Ouça. Reserve tempo para pensar. Responda ao que foi dito de fato – não use um argumento preparado com antecedência. E não interrompa. Esse hábito simples é difícil para muita gente, mas ele muda o ritmo profundamente. Interrompemos quando achamos que sabemos para onde vai um argumento ou uma frase, mas a nossa interrupção bloqueia novas ideias ou pensamentos. Além disso, quando os participantes sabem que não serão interrompidos, o humor da reunião muda. A urgência e a batalha pelo tempo de fala desaparecem. Saber que você será ouvido cria espaço para pensar.

As culturas justas dependem do capital social para criar uma sensação de comprometimento e segurança que mantém as pessoas ouvindo, falando e pensando em meio a toda a frustração, confusão, dúvida, revelação e descoberta que o conflito criativo sempre gera. Mas as culturas justas também compõem o capital social porque o levam a sério, e reconhecem que a dinâmica entre as pessoas é o que dá vida às organizações.

3 O pensamento é físico

Às vezes, coloco meus alunos da escola de negócios para assistirem à TV. Não é divertimento. Apresento um trecho de um programa de um canal de notícias financeiras e peço que eles memorizem tudo o que puderem. Com as legendas rotativas no rodapé da tela cheias de valores de ações e um quadro à direita com a previsão do tempo ou resultados de esportes, há pouco espaço para o infeliz do diretor executivo esbaforido explicar os resultados trimestrais. Ao fim do trecho, pergunto a qualquer aluno do que ele se lembra. Alguns preços, a previsão do tempo para amanhã em Barcelona, o nome da empresa do diretor executivo... e só. Quando peço para fazerem uma crítica da estratégia empresarial, eles ficam confusos: Você quer dizer que deveríamos acompanhar todas essas informações *e* pensar nelas? Mas isso é impossível!

É impossível. O pensamento mais elevado – o raciocínio, o ceticismo, a dúvida – exige mais investimento cognitivo e capacidade cerebral. Os recursos do cérebro são limitados, e a atenção é um jogo de soma zero. Quando você presta atenção a alguma coisa, sobra menos para todo o resto. A atenção ávida pelos dados rotativos deixa pouca capacidade cognitiva para a análise. Podemos imaginar que somos multitarefa, mas nenhum cérebro é constituído para agir dessa forma.

As culturas justas dependem e recompensam os mais altos níveis de atenção e criatividade que pudermos desenvolver. No entanto, a distração, a fadiga e o excesso de trabalho corroem-nas profunda, rápida e inevitavelmente. A cultura pode parecer abstrata, mas exige que as demandas físicas do trabalho sejam respeitadas e entendidas.

Monotarefa!

Tentar fazer tudo transforma as pessoas multitarefa em editores ruins. Aqueles que tentam ser multitarefa constantemente acham difícil ignorar informações relevantes e demoram mais para se movimentar entre as tarefas – em outras palavras, com tantas atividades frenéticas, eles estão mesmo perdendo tempo. E como os sistemas de memória competitivos do cérebro armazenam informações de forma diferente, será mais difícil para a pessoa multitarefa se lembrar delas. Apesar de essas mentes ativas terem a impressão de estar no topo do mundo das informações, na verdade elas estão à sua mercê.

Assim, o modo como trabalhamos cria o seu próprio círculo de *feedback*: quanto mais atenção tentamos prestar a tudo, menos discernimento teremos. Quando focamos em algo, aprimoramos nossa concentração e nos lembramos do que fizemos. Sentimo-nos menos exaustos. Então, a monotarefa – focar em uma só tarefa por vez – não é apenas mais eficiente, ela também nos torna mais capazes de usar o conhecimento que obtivemos. Não é só uma questão de produtividade. Pessoas distraídas não conseguem pensar, o que também significa que

não conseguem pensar por si sós. Elas podem formar um bom rebanho, mas nunca serão grandes líderes.

Os engenheiros falam sobre a integridade do ativo, o que significa que é preciso cuidar, manter e consertar sistemas e equipamentos antes que haja algum problema. Nas áreas industriais, a integridade do ativo é o alicerce da segurança, eficiência e sustentabilidade. Para nós, que não trabalhamos com maquinário físico, as máquinas que utilizamos são o nosso cérebro, e precisamos perceber as suas limitações de forma tão meticulosa quanto um engenheiro. Em geral, não fazemos isso – mas poderíamos.

Horas demais, produtividade de menos

Em 1908, um dos primeiros estudos sobre produtividade, elaborado por Ernst Abbe no laboratório de lentes Zeiss, concluiu que *diminuir* a jornada de trabalho de nove para oito horas *aumentava* a produtividade. Todos os estudos posteriores realizados no século XX, em diversos setores e países, chegaram à mesma conclusão: a produtividade não é linear. Podemos trabalhar bem durante quarenta horas por semana, mas não mais que isso. Depois de quarenta horas, ficamos cansados e cometemos erros – e precisamos de mais tempo para consertar a confusão que fizemos.

Setores como aviação e transporte prestam atenção à fadiga há muito tempo porque é impossível ignorar quando pessoas que pilotam aviões, conduzem trens e dirigem caminhões sofrem acidentes e matam gente. Mas os setores nos quais

os desastres não são tão visíveis ou imediatos mostram-se recalcitrantes: trabalhar à noite é heroísmo; jornadas longas são interpretadas como comprometimento. Quando as empresas vão à falência ou grandes negociações terminam mal (fusões e aquisições registram taxa de insucesso de 40 a 80 por cento), ninguém dedica tempo a considerar que a culpa disso poderia ser em decorrência de cérebros exaustos.

Trabalhar quando estamos cansados não é impossível; não é esse o problema. Mas a exaustão e a distração limitam a visão de um jeito que o Conselho de Segurança Química dos Estados Unidos explica assim: "É comum uma pessoa fatigada ser mais rígida ao pensar, ter mais dificuldade de responder a mudanças ou a circunstâncias anormais e demorar mais para pensar direito". Cansados e exauridos, queremos nos livrar dos problemas não importa como, porque não temos capacidade de analisá-los ou resolvê-los. Com a dificuldade de enxergar bem as coisas, quais são as probabilidades de identificar corretamente um erro, perceber uma solução ou ter uma boa ideia? Praticamente zero – tudo o que se faz é tentar sobreviver até o fim do dia.

Em 2012, a pesquisadora finlandesa Marianna Virtanen realizou um estudo com funcionários públicos durante quarenta anos para examinar o impacto das longas jornadas de trabalho a longo prazo. O que ela descobriu foi assustador. Trabalhar onze ou mais horas por dia havia no mínimo dobrado o risco de depressão. Os que trabalharam 55 horas por semana ou mais começaram, na meia-idade, a sofrer perda cognitiva.

O seu desempenho foi pior nos testes de vocabulário, raciocínio, processamento de informação, solução de problemas, criatividade e tempo de reação. Essa deficiência cognitiva leve era também um prognóstico de demência e morte precoce.

A fadiga é um risco operacional presente em quase todos os acidentes industriais. A privação do sono exacerba o problema. O cérebro precisa de sete ou oito horas de sono por noite. Privado disso, a perda de capacidade cognitiva é quase equivalente a ultrapassar o limite do álcool. As partes do cérebro que gerenciam as informações (principalmente o lobo occipital e o parietal) ficam menos ativas enquanto a área do cérebro responsável por nos manter acordados (o tálamo) fica hiperativa. Isso faz sentido em termos evolutivos (se a sobrevivência exige comida, ficar acordado é prioritário em relação à elaboração de um menu criativo), mas, para o pensamento crítico, é um desastre. Além disso, depois de 24 horas de privação do sono, menos glicose chega ao cérebro, e essa perda não é distribuída igualmente: as áreas exigidas pelo pensamento são as que mais perdem. Podemos nos sentir heroicos trabalhando a noite toda, mas o maquinário que utilizamos nessa tarefa está profunda – e às vezes perigosamente – comprometido.

Cérebros despertos

O cérebro com o qual você vai para a cama não é o mesmo com o qual você acorda. Estar muito cansado e em um estado de privação de sono reduz visivelmente a nossa capacidade de pensar com clareza e também nos rouba os benefícios que o sono proporciona. Sabemos que meu sogro, cientista, resolve equações enquanto dorme; uma vez eu quebrei um código bem simples dessa forma. Mendeleyev, o pai da tabela periódica, afirmava ter descoberto seu princípio fundamental em um sonho. Em uma época mais recente, Larry Page disse que a ideia do Google surgiu em um sonho nítido. Jeff Taylor disse o mesmo sobre a criação do Monster.com.

Esses exemplos não são um acaso. Quando estamos sonolentos, nossa mente está ocupada, consolidando, organizando e revisando memórias e experiências recentes – o que gera *insights*. Nas experiências em que os participantes devem organizar informações que parecem aleatórias, mas que são de fato apresentadas de acordo com uma regra subjacente complicada, aqueles que tiveram uma boa noite de sono demonstraram ter *duas vezes* mais probabilidade de descobrir o padrão do que os que não dormiram bem. O sono, concluíram os pesquisadores, inspira o *insight*. A reestruturação das informações que acontece durante o sono permitiu aos participantes enxergar o que, de outra forma, escaparia à atenção.

O que é tão impressionante em mais de um século de pesquisas é que as longas jornadas prejudicam exatamente os talentos que são mais necessários para os negócios hoje em dia: raciocínio, *insight*, solução de problemas, análise afiada e habilidades imaginativas. A distração e a fadiga comprometem muito a nossa capacidade de testar decisões, refletir e repensar. Sem a capacidade de duvidar, nunca teremos a confiança necessária para fazer perguntas difíceis e articular os valores que nos definem. São as mentes descansadas e focadas que mostram produtividade e resiliência. O tempo está do nosso lado quando sabemos como gastá-lo.

Tempo de silêncio juntos

Quando Leslie Perlow, de Harvard, estudou o uso do tempo em uma empresa de *softwares*, pediu aos engenheiros que registrassem como gastavam seu tempo. Os resultados foram tristes e familiares: iniciado cedo e cheio de boas intenções, prejudicado por interrupções e reuniões, "o trabalho de verdade" não tinha vez até o final da tarde. Das doze horas que um engenheiro passava no escritório, ele acreditava que só cinco e meia haviam sido produtivas – e aconteciam no final do dia, quando o cérebro já estava cansado.

Perlow teve o *insight* de perceber que nem todas aquelas interrupções eram improdutivas. As pessoas pediam e recebiam ajuda. O engenheiro ficava atualizado sobre mudanças críticas e também tinha um intervalo para dar seus palpites sobre futebol. Os dias ideais de trabalho não os eliminariam. O capital social e intelectual que eles construíam era valioso. O problema era o impacto das interrupções.

Os registros revelaram dois tipos de trabalho, descritos como "engenharia de verdade" e todo o resto. Você não precisa ser engenheiro para perceber a diferença; todos os nossos dias poderiam ser divididos em trabalho de verdade – que exige concentração e silêncio – e a interação social das reuniões, dar e receber ajuda, contar piadas e fofocas. Para sermos produtivos de fato, precisamos das duas partes. O que nos enlouquece é que sentimos não ter controle sobre o que acontece, quando – ou onde.

Perlow elaborou uma experiência inteligente. O que aconteceria se a agenda refletisse os dois tipos diferentes de trabalho, divididos em partes separadas do dia? O tempo de silêncio seria uma parte específica do dia, em que os engenheiros poderiam trabalhar sozinhos, com a certeza de que todos os outros estariam trabalhando em silêncio também. O restante do dia estaria disponível para "todo o resto".

O tempo de silêncio foi fixado em três dias por semana, do início do expediente até o meio-dia. Os engenheiros adoraram. Alguns relataram que a produtividade havia aumentado em 65 por cento. Uma providência mínima – a reengenharia do tempo – fizera uma enorme diferença. E apenas pela segunda vez na história da empresa, um produto havia sido enviado no prazo.

No início da experiência, o sistema de tempo de silêncio foi um desafio. Os engenheiros tiveram que aprender a se preparar para aquele tempo – planejar com antecedência para garantir que reuniriam todas as informações necessárias. Ao perceberem como as interrupções podiam ser prejudiciais, eles aprenderam a ser mais atenciosos. "O estudo do tempo de silêncio me fez pensar em como posso afetar os outros", um engenheiro observou. "Agora percebo que não é só uma busca pelo meu próprio tempo de silêncio, mas o tempo de silêncio dos outros também precisa ser levado em conta. Ele me deixou mais consciente das necessidades dos outros." E um colega escreveu: "As pessoas começaram a respeitar o tempo de trabalho dos outros. O foco saiu delas mesmas e mudou para a equipe. As interrupções ainda ocorrem, mas as pessoas pensam no que estão fazendo antes de interromper. Elas estão mais preparadas".

Isso não significa que elas pediram ou receberam menos ajuda – na verdade, elas ficaram mais solidárias, confiantes de que o "trabalho de verdade" havia sido feito ou que teriam tempo garantido para fazê-lo. Saber que o tempo necessário para reflexão estava protegido liberou todos para serem mais generosos no restante do dia.

As pessoas anseiam por tempo para se concentrar nas tarefas mais importantes e podem aprender a usá-lo bem. Ser capaz de priorizar as tarefas – tornar-se um bom editor do desempenho do seu cérebro – pode aumentar a produtividade em mais de 50 por cento. Aqueles que conseguem dedicar blocos de tempo significativos a manter o foco fazem mais com menos estresse.

Além disso, sincronizar o tempo em que o trabalho era feito gerou muitos benefícios. A sincronização proporcionou aos engenheiros uma forte sensação de autonomia: eles tinham controle sobre o tempo que os gestores respeitavam. O tempo de silêncio reduziu as multitarefas e permitiu a concentração na execução do trabalho sem incorrer em custos sociais e intelectuais. Ele construiu capital social ao ensinar as pessoas a considerar as necessidades dos outros.

Quando proponho tempo de silêncio às empresas, muitos gestores ficam horrorizados com a possibilidade de perder o direito de interromper; aqueles que se reportam a eles, ao contrário, em geral parecem entusiasmados. Mas a perspectiva de cumprir prazos sem exaustão tem incentivado muita gente a experimentar a ideia. O consultor Tony Schwartz convenceu uma firma de contabilidade a deixar só um grupo trabalhar de forma diferente, alternando períodos de noventa minutos com foco e sem interrupção, com intervalos curtos. O grupo destacou-se dos demais por realizar mais em menos tempo, conseguir sair mais cedo e sentir menos estresse na época dos impostos.

Outras organizações implementaram uma variante: na Ocean Spray, há horários durante o dia e a semana em que ninguém convoca reuniões. Essa regra simples proporciona liberdade para a programação dos trabalhos e compromissos externos. A Pohly Company desenhou placas grandes e bonitas de "Não perturbe" para salas pequenas e cadeiras: um jeito fácil e individual de conseguir foco. Outras organizações que conheço contam com salas de silêncio – locais sem telefone onde ninguém tem autorização para interromper. "Nem sempre vou lá para trabalhar", um usuário habitual me confidenciou. "Às vezes eu vou só para pensar. Ou respirar. Ou tentar decidir o que fazer em seguida." Eu chamaria isso de trabalho, também.

Criar as condições nas quais o melhor trabalho é produzido com facilidade é tarefa de qualquer líder de qualquer empresa de qualquer tamanho. Mesmo que você não trabalhe em uma organização na qual grandes mudanças como o tempo de silêncio pareçam viáveis, pode pensar em como organizar seu próprio tempo. Quando eu trabalhava como produtora de televisão, marquei um compromisso comigo mesma – todas as quintas-feiras, das 11 horas até as 12h30, eu saía do escritório e ia para algum lugar onde não seria interrompida. Esse era o meu tempo para pensar, muitas vezes o mais produtivo da semana.

Dar a mim mesma tempo para não fazer "nada" permitia que minha mente divagasse. E era inevitável que eu me lembrasse de informações essenciais às quais não prestara atenção. Ou então, de repente, eu encontrava uma solução simples para um problema que estava me desnorteando. Como viajo muito, estabeleci a regra de dedicar um tempo para olhar pela janela. Nem sempre consigo todo o tempo livre de que gostaria, mas posso usar os momentos de transição – ao ir de um lugar para outro – para desligar. Observar atentamente o horizonte faz bem para os olhos e o cérebro. Sem música, sem telas, sem *podcasts*, sem rádio. Quer eu esteja em um avião ou em um trem, ou no banco de trás de um carro, é durante esse lazer compulsório que é possível pensar de verdade. E ele transforma a viagem tediosa em recolhimento.

Viajar é preciso

O ato de pensar pode ser o que nos diferencia como seres humanos e, sem dúvida, é a base da criatividade, da inovação e do trabalho produtivo dos quais a organização depende. Isso, porém, não quer dizer que as pessoas decidirão parar para pensar ou que acharão isso agradável. Em um estudo recente, 83 por cento dos americanos adultos disseram que não gastavam tempo "relaxando ou pensando"; além do mais, quando eram convidados a fazê-lo, não gostavam nem um pouco.

No entanto, permitir que a sua mente divague pode se mostrar um modo eficiente de resolver problemas ou de ter novos *insights*. Quando focamos demais o nosso trabalho, podemos nos tornar obcecados, inflexíveis e impermeáveis a novos padrões, novas pessoas ou ideias. Quando distanciamos o olhar do trabalho, acessamos outras partes do cérebro que nos ajudam a encontrar as informações ou os padrões de que necessitamos para chegar ao entendimento ou à solução. Ser produtivo de verdade significa dedicar um tempo para trabalhar concentrado e em silêncio, mas também encontrar tempo para deixar a mente devanear.

Muitas pessoas já vivenciaram a revelação que surge no chuveiro, no caminho de volta do trabalho para casa, ou preparando o jantar. A atividade automática (ou pelo menos fácil) libera a mente para fazer inconscientemente o que escapou ao consciente. E não se trata de experiências pessoais; estudos controlados também mostraram que a criatividade aumenta quando tiramos uma folga e fazemos algo simples. Uma das coisas mais simples, baratas e eficazes é caminhar.

Seja ao ar livre ou na esteira, já foi comprovado que caminhar melhora a geração de ideias novas e úteis. Embora a atividade física melhore o pensamento em geral, a caminhada em particular parece produzir o maior número de ideias novas, enquanto restaura também a capacidade cognitiva já exaurida. Antes de um *brainstorming*, quando você fica emperrado em um problema, ou só porque precisa de uma pausa e de exercícios, fazer uma caminhada de meia hora pode ser mais produtivo do que ficar até tarde no trabalho.

Para a sua mente divagar, você precisa de um tempo a sós. O diretor executivo de um grande banco global me contou que nos últimos cinco anos ele havia passado apenas um dia sozinho; as consequências da crise financeira eliminaram todo o tempo que ele tinha para pensar, justamente quando mais precisava disso. Como você pode saber o que pensa se não tem tempo para pensar sem interrupção? Como você pode ir além do conhecimento recebido e das premissas antiquadas sem solidão? Se você quer ser capaz de explicar suas ideais e seus pensamentos, precisa de tempo para explorá-los. Os primeiros pensamentos dificilmente são os melhores; você precisa de tempo para ir além. O tempo sozinho não significa necessariamente introspecção – há assuntos mais interessantes para pensar do que em si mesmo –, mas significa, sim, criar espaço para explorar dúvidas, questionar suas próprias premissas e ouvir sinais sutis. Se tiver uma conversa consigo mesmo, é melhor ouvir.

Triture, então se desintoxique

Nada disto pretende negar que há momentos em que oportunidades e prazos decisivos tornam essencial adotar o *crunch mode* [em inglês, a expressão "*crunch mode*" significa trabalhar intensamente, sem pausas], sistema que deriva do setor de *softwares*, em que é rotina correr com um produto até alcançar a linha de chegada, ou seja, o lançamento. Todos trabalham até tarde e, em geral, há um sentimento de companheirismo, de estar juntos no campo de batalha.

O *crunch mode* pode ser ótimo, contanto que não dure para sempre. Em 2004, as equipes de *softwares* que trabalhavam para a gigante de jogos de computador Electronic Arts começaram com a jornada de oitos horas por dia, seis dias por semana. No entanto, a jornada logo passou para doze horas e seis dias por semana, e depois para onze horas por dia, sete dias por semana. O *crunch mode* havia se tornado norma. A blogueira Erin Hoffman ficou horrorizada com o que viu acontecer com o noivo, que trabalhava lá; o seu protesto público terminou em uma ação coletiva movida contra a empresa. "Depois de certo número de horas, os olhos começam a perder o foco; depois de um determinado número de semanas sem um dia de folga, o cansaço começa a se acumular e cresce exponencialmente. Há consequências negativas para a saúde física, emocional e mental. A equipe logo passa a cometer tantos erros quanto os que conseguia corrigir. O índice de *bugs* disparou com o *crunch mode*."

Desde o acordo para o processo judicial em 2006, a Electronic Arts melhorou o horário de trabalho, mas outras empresas foram ainda mais longe no que tange a esses cuidados. O SAS Institute, líder no setor de análise de dados, permite que o seu pessoal trabalhe 35 horas por semana e nada mais. O motivo é simples: o trabalho exige clareza mental e verdadeira concentração, e de 35 a 40 horas é o limite humano. Em um setor difícil e competitivo, limitar as horas de trabalho não restringiu o sucesso da empresa, tornou-o mais sustentável.

Trabalhar em *crunch mode* pode se tornar um vício. No entanto, como em qualquer tipo de vício, você escolhe a sua forma de desintoxicação. Alguns executivos que conheço separaram, no seu ano de trabalho, uma parte do tempo bastante considerável – um mês, às vezes mais – para parar de trabalhar completamente. Outros que não têm essa liberdade ficaram mais disciplinados com as férias, transformando-as em compromissos deliberadamente muito difíceis (ou caros) de cancelar. Os funcionários da Daimler são incentivados a deletar todos os e-mails recebidos quando estão de folga, e a deixar mensagens automáticas avisando que estão fazendo isso. A Volkswagen desativa os e-mails fora do horário de expediente, enquanto The Huffington Post insiste com os trabalhadores para que não leiam os e-mails fora do trabalho. Todos a quem pergunto, dos diretores até o pessoal de recepção, falam sobre usar os fins de semana como um tempo para se recuperar. A solução de Evgeny Morozov talvez seja a mais radical: ele tranca o laptop e o celular em um cofre com abertura programada, de modo que, por maior que seja a tentação, ele só conseguirá acessar a internet na segunda--feira de manhã. A mente dele tem tempo para divagar por outros lugares.

Estabeleci a regra de que no verão só leio ficção. Na maior parte do ano, não tenho tempo para romances ou contos, e minha leitura tende a ser utilitária. Então eu mudo o padrão ao me obrigar a ler livros que exigem um estado de espírito e ritmo diferentes. Faço isso porque gosto, mas pesquisas recentes sugerem que a mudança pode ser benéfica de maneiras mais específicas do que variar o ritmo. Já foi comprovado que ler ficção – trechos de romances ou antologias premiados ou mesmo de livros *best-sellers* – aprimora a teoria da mente: nossa capacidade de apreciar as diferenças na mente das outras pessoas. Em uma experiência, os participantes receberam o mesmo teste de Ler a Mente nos Olhos usado por Tom Malone no seu estudo sobre trabalho em equipe e empatia; aqueles que tinham acabado de ler três trechos de ficção literária se saíram melhor – e a qualidade da literatura fez diferença.

Em toda a nossa vida profissional – 100.000 horas –, o tempo é o nosso ativo mais precioso. Uma vez gasto, nunca mais poderemos recuperá-lo ou fabricar mais. Portanto, decidir como gastá-lo é um ato de poder. Quando se trata de tempo, a maioria das organizações é muito boa em medir a quantidade, mas muito fraca em medir o seu valor. Necessitamos de tempo para o trabalho silencioso, focado. Também precisamos de tempo para deixar nossa mente divagar e encontrar os *insights* e as inspirações que foco nenhum poderá trazer. Sincronizar o tempo para uma equipe, um projeto ou uma organização inteira pode gerar um poderoso sentido de comunidade. Mas se afastar do trabalho pode ser a maior contribuição de todas.

4 Como derrubar barreiras

Tod Bedilion é um homem curioso. Diretor sênior da Roche Diagnostics na Califórnia, ele dedicou a vida profissional à biotecnologia, primeiro em *start-ups* e depois na Roche, uma das líderes mundiais da indústria farmacêutica. Um típico cientista corporativo, você poderia pensar. Estaria errado.

"Sempre fui curioso – sobre tudo. O que fazemos, como fazemos e por que fazemos. E fui ficando cada vez mais frustrado com o modo como fazemos pesquisa e desenvolvimento. Mas não estou sozinho. Fizemos uma pesquisa com cerca de 250 líderes de pesquisa e desenvolvimento (P&D) e eles expressaram a mesma frustração. Os dois maiores obstáculos à inovação eram as hierarquias rígidas e o pouco aproveitamento das competências que temos na companhia."

E não são só os departamentos de pesquisa que sofrem. Toda empresa em que já trabalhei reclama da rigidez de pensamento, da falta de vitalidade criativa no local de trabalho e da falta de colaboração entre os setores. As culturas justas procuram obter mais de todos. Mas, para isso, é preciso que, por mais coerente que seja a cultura interna, ela permaneça aberta e receptiva ao mundo externo. Então há um paradoxo: para que a cultura interna seja vibrante, ela tem de deixar aquilo que é externo entrar.

A curiosidade acaba com a compartimentalização

Bedilion e seus colegas inventaram uma experiência. Primeiro, identificaram seis desafios – problemas atuais, de engenharia mecânica à bioquímica – e os divulgaram para todos os 2.400 membros da comunidade de P&D da Roche. A resposta decepcionou Tod: só 419 funcionários viram os desafios e apenas quarenta enviaram propostas, e algumas tinham só umas poucas linhas. A vencedora apresentava uma forma de medir a vida da bateria no monitor de glicemia. Mas essa acabou sendo uma vitória amarga. O problema havia sido proposto pela equipe de cuidados com a diabetes na Alemanha, e o engenheiro que o solucionou trabalhava na mesma equipe – mas em Indianápolis. E essa havia sido a primeira vez que ele ouvira falar sobre aquilo. O fato demonstrou, Bedilion refletiu, como a inteligência fica represada e escondida pelas estruturas organizacionais.

Por outro lado, um dos desafios mais difíceis, que a Roche não conseguira vencer durante vinte anos, foi também divulgado para 160.000 "solucionadores" que trabalhavam em uma plataforma aberta de inovação chamada InnoCentive. Dessa vez, o resultado deixou Bedilion atônito: receberam 113 propostas recheadas de detalhes, dados, diagramas, experiências e energia. Depois de sessenta dias, com uma recompensa em dinheiro de apenas 25.000 dólares, uma proposta inédita transformou-se na solução.

Dois problemas foram resolvidos. Porém, alguns pesquisadores da Roche foram hostis ao experimento e a seus resultados. Bedilion era apaixonado por novas ideias, mas muitos colegas se ressentiam com a possibilidade de alguém *de fora* ter algo a oferecer. "Toda ação tem uma reação", Bedilion recorda. "Eles ficaram muito defensivos com o fato de *outras pessoas* resolverem o problema deles."

A experiência mostrou-lhe como é fácil para os talentos ficarem confinados: eles acabam sendo difíceis de encontrar, compartimentados, desconectados do mundo exterior e dos outros talentos. As estruturas organizacionais criam divisões e nós internalizamos as barreiras: linhas de demarcação dos departamentos, fronteiras geográficas, hierarquia empresarial e especialização técnica. A própria especialização pode inibir a inovação, porque ela estereotipa as pessoas, estreitando o que elas pensam – ou o que se permitem pensar. Todos ficam mentalmente limitados ao seu quadrado no tabuleiro de xadrez.

"O sistema do InnoCentive é ótimo", explicou Bedilion. "Mas, no fim das contas, não é uma questão de tecnologia. Nem de geografia. É uma questão de mentalidade: você está enraizado mentalmente nas fronteiras do seu trabalho ou a curiosidade o faz romper essas barreiras? Você precisa manter aquela curiosidade essencial, estar aberto e deixar acontecer. Andar por aí. Conversar com as pessoas. Dar a outra face. Montar uma rede de contatos. Alimentar essa rede. Não ficar engaiolado."

É impressionante quantos sucessos do InnoCentive vieram de solucionadores que trabalhavam fora da sua especialidade. A procura de um marcador para a esclerose lateral amiotrófica (doença de Lou Gehrig) contou com o auxílio de um biólogo especializado em plantas e de um dermatologista. O Instituto

de Recuperação de Derramamentos de Óleo (OSRI), que ainda está procurando formas melhores de limpar o derramamento de petróleo de 1989, forneceu uma solução fundamental para um engenheiro de cimentação. Esses solucionadores tiveram a curiosidade e a liberdade mental de trabalhar onde quisessem.

A experiência da Roche não era um concurso entre o setor de P&D da Roche e a plataforma aberta InnoCentive. Ambos resolveram problemas complexos. Contudo, a experiência ilustra o maior desafio: Como os nossos locais de trabalho podem abarcar, conectar e avivar *todos* os talentos? Como as organizações percebem o benefício de promover uma concentração de dons em um único local? A resposta não é intuitiva: Deixe que eles andem a esmo. Não os aprisione. Liberte-os física e mentalmente.

Coloque a cabeça para fora: saia do escritório

O intuito de derrubar as paredes mentais que restringem o pensamento e a colaboração inspirou muitas empresas a derrubarem as paredes dos escritórios. Setenta por cento das empresas dos Estados Unidos agora dispõem de escritórios abertos e sem lugares fixos para os funcionários, na esperança de que essas estruturas físicas livres libertem o pensamento. Esse determinismo arquitetônico, porém, não é tão convincente – há muitas evidências de que as pessoas acham que os escritórios abertos são barulhentos, impessoais e geram distração. Ao caminhar por vários desses espaços de trabalho recentemente, percebi quanto esforço as pessoas fazem para incentivar a privacidade. Usam fones de ouvido, cercam-se de pilhas de livros e de divisórias temporárias: a atitude de defesa fica muito mais evidente do que a de abertura.

A arquitetura sozinha não mudará a mentalidade, e a derrubada das paredes físicas não demolirá os compartimentos mentais que aprisionam o pensamento. Para isso, é preciso escapar do escritório e mergulhar na vida.

"Eu era o líder de uma linha de negócios de 1 bilhão de dólares, e muitas vezes as pessoas acreditam que tudo o que é preciso saber, para entender um negócio, se encontra nos números. Nada poderia estar mais distante da verdade, porque o verdadeiro significado dos negócios está em outro lugar."

Louise Makin era ambiciosa e ansiava manter o crescimento do maior negócio da Baxter International: os tratamentos para hemofílicos. Mas ela logo descobriu que os números não podiam mostrar o que importava de verdade.

"Foi só quando comecei a ir até as associações de pacientes que compreendi. Conheci uma mãe cujo filho acabara de ser diagnosticado com hemofilia. Eles precisavam muito de nós e dependeriam dos nossos produtos pelo resto da vida. Nós continuaríamos fornecendo os velhos produtos? Desenvolveríamos novos? Éramos grandes e arrojados o suficiente para continuar investindo nos negócios? Já não era mais possível pensar nisso apenas como um negócio; era uma questão de vida. E isso mudou toda a minha perspectiva."

Aquela experiência, Makin me contou, mudou a abordagem dela sobre o desenvolvimento e o posicionamento dos remédios. Em vez de pensar na comercialização, ela pensava na colaboração com as famílias e os pacientes para desenvolver as terapias necessárias para eles. Hoje, Makin é a diretora executiva da BTG, uma empresa de cuidados com a saúde focada em áreas bem definidas da medicina: doenças do fígado, coágulos sanguíneos e veias varicosas. Este escopo limitado possibilita relações mais profundas com pacientes e médicos. A BTG não vê os médicos como alvos infelizes a serem direcionados para a compra; os representantes de vendas não são os únicos que visitam os médicos. Adotando um termo da navegação, Makin chama isso de "periscópio" e afirma que em qualquer trabalho você precisa ter pelo menos uma pessoa designada para ficar com a cabeça para fora: escaneando o horizonte e mantendo contato constante com o meio ambiente mais amplo.

Adote o pensamento divergente

Na Roche Diagnostics, na Suíça, Matthias Essenpreis reuniu o que ele chamava de "uma equipe muito estranha" para liderar um novo projeto de desenvolvimento para a estratégia de diagnóstico de diabetes da empresa. Todos os produtos anteriores destinavam-se a hospitais e unidades de terapia intensiva, mas agora a empresa queria algo que os próprios pacientes pudessem usar. Essa mudança de perspectiva inspirou Essenpreis a procurar diabéticos que trabalhassem na própria Roche. Então ele foi mais longe, e trouxe uma artista visual, Kelly Heaton, para a equipe.

"Eu precisava de uma visão externa radical", Essenpreis me disse, "uma pessoa sem experiência com a Roche e a diabetes, mas com pensamento holístico, um pensamento verdadeiramente ilimitado. A equipe estava tão animada com o que ela poderia proporcionar que a contratamos em horário integral. Ela tinha a grande habilidade de fazer as perguntas certas a qualquer pessoa. Ela mantinha a visão. Foi um período muito intenso, durante o qual ninguém podia sair da sala ou terminar o dia sem uma discussão que animasse as pessoas, e fizemos um grande avanço no nosso entendimento."

Para Essenpreis, essa experiência foi a mais criativa da sua carreira. Hoje, como diretor de tecnologia da Roche Diagnostics, o que ele mais valoriza é a oportunidade de liberar e conectar pessoas.

"Com as estruturas rígidas, é normal ter o pensamento compartimentado. Em vez disso, agora eu me preocupo profundamente em conectar pessoas diferentes *por meio* dessas fronteiras pouco naturais. É assim que os compartimentos desaparecem – porque os pontos nodais em que essas fronteiras se cruzam são os mais criativos."

Uma abordagem bem parecida foi identificada, quase por acidente, na ARM, que agora projeta os processadores da maioria dos *smartphones* e *tablets* do mundo todo. Como ela se tornou, a partir de um início modesto em Cambridge, na Inglaterra, uma usina de inovação e *design*? Segundo Tom Cronk, gerente-geral da divisão de processamento, foi derrubando barreiras físicas e mentais entre os engenheiros da ARM e as empresas com as quais eles trabalham.

"O modelo de negócios evoluiu com a necessidade. Nós éramos apenas doze pessoas e tínhamos uma grande oportunidade de atender uma empresa de equipamentos e manufatura com 10.000 funcionários! O único jeito que poderia funcionar para nós era fazermos parte da equipe *deles*. Ser territorial não era uma opção! E foi assim que sempre trabalhamos. Pouquíssimas pessoas na ARM não têm contato com os sócios. Temos mesas, mas não passamos muito tempo nelas. A maior parte do nosso pessoal trabalha dentro das organizações parceiras."

Com o passar do tempo, muitas organizações desenvolveram um narcisismo gerencial: a obsessão pelo trabalho interno da empresa, que tira a atenção do mercado e dos clientes que a inspiram. Na ARM, o relacionamento com o mundo externo é tão fundamental para os negócios que não é na sede da empresa que muitos engenheiros, arquitetos e designers vivem e trabalham. Enquanto muitas organizações falam sobre divisões, o que Cronk comenta e Makin e Essenpreis vivenciaram é uma membrana porosa entre a empresa e o mundo. São as interações e as colisões frequentes entre eles que tornam as empresas criativas.

"Não sei dizer se nós saímos ou se deixamos eles entrarem, mas, de toda forma, não há fronteiras reais entre nós", Cronk observou. "Esse é o poder do modelo de negócios. Nossos engenheiros sentem, agem e pensam da mesma forma quer estejam conversando entre si ou com colegas do outro lado do mundo. Não há controle. Confiamos muito neles."

Movidas pela curiosidade e caracterizadas por uma admirável ausência de atitudes de defesa, essas organizações querem que o seu pessoal se sinta muito à vontade fora do escritório e no mundo. Empresas como a iRobot e a Dave, de TV a cabo no Reino Unido, elaboraram simulações das residências dos clientes dentro dos seus escritórios, como um lembrete de onde os clientes vivem. Outras empresas fazem com que os executivos se revezem no papel de clientes. Mas nada supera sair do escritório e estar com as pessoas para quem todo o trabalho é realizado.

Saia daqui!

A InnoCentive usa a tecnologia para captar ideias e energia de lugares tão distantes quanto sua rede puder alcançar. A BTG e a ARM constituíram redes colaborativas externas e ricas para o mesmo fim. Essenpreis introduziu uma mentalidade completamente diferente ao incluir uma artista visual em sua equipe. Todas essas abordagens destruíram as limitações formais do trabalho para ampliar o *insight*, o talento, a linguagem e a energia. Preservar – ou reviver – a receptividade humana inata reflete a avaliação de que as grandes ideias não surgem dos escritórios, mas da vida.

"Tenho um velho amigo, Jim, que é um artista que trabalha com vidro. Ele produz lindas peças que são vendidas por cerca de 2.000 dólares. Quando estávamos conversando, ele me contou que acabara de perder uma venda: uma mulher que tinha só cartão de crédito e não tinha aquele valor em dinheiro."

O amigo do artista do vidro era Jack Dorsey, um dos fundadores do Twitter. Mas o sucesso não o prende ao escritório; proporciona-lhe liberdade para perambular.

"A conversa me fez refletir: por que Jim não pôde aceitar o pagamento com cartão de crédito? O problema dele me fez pensar em todas aquelas pessoas – nas feiras de artesanato e feiras livres – que provavelmente tinham aquele mesmo problema. Como eu poderia resolver o problema deles?"

Foi assim que Dorsey criou o Square: um pequeno dispositivo para *smartphones* que os transforma em leitores de cartão de crédito. Até 2014, o total de vendedores que utilizava o Square representava o 13º maior grupo de varejo dos Estados Unidos. A ideia nova de Dorsey não surgiu do Twitter, de um grupo de trabalho ou da pesquisa de mercado. Ela surgiu da vida. Sem o amigo, sem a experiência dos mercados, sem a colisão com a especialização em tecnologia de Dorsey, o seu amigo ainda poderia estar perdendo vendas.

Para construir um protótipo rápido da sua ideia, Dorsey recorreu à TechShop, uma oficina aberta ao público, lotada de maquinário – máquinas de solda, máquinas de corte por jato de água, impressoras 3-D, teares, máquinas a laser. Nos últimos vinte anos, a tecnologia barateou esses equipamentos e tornou-os mais fáceis de operar. No entanto, não são só as ferramentas que fazem da TechShop um espaço tão criativo. Quando você se torna membro, o entendimento é que pode pedir ajuda a qualquer um – e tem que ajudar qualquer pessoa que recorra a você. Desde o princípio, o fundador, Jim Newton, e o diretor executivo, Mark Hatch, imaginaram o local como o parque de diversões preferido de inventores, artesãos e empreendedores, uma plataforma física de inovação, onde as colisões seriam inevitáveis.

Quando a TechShop foi inaugurada em Detroit, a Ford Motor Company ofereceu 2.000 adesões gratuitas aos funcionários que apresentassem boas ideias. Qualquer pessoa da Ford poderia se candidatar, e as ideias não precisariam estar relacionadas a carros. Mas o acesso às ferramentas, ao maquinário e *expertise* de toda Detroit – não apenas da Ford – atraiu funcionários de todos os tipos de negócios. Depois de um ano, a empresa atribuía à TechShop os 50 por cento de aumento das ideias patenteáveis dos seus funcionários.

Largue o seu celular e olhe em volta. Esteja presente. É do mundo real que provêm as ideias, a provocação e o reconhecimento de padrões. Nunca ninguém teve uma grande ideia na mesa de trabalho. Andar é criativo, mas andar ao ar livre é ainda mais. A inovação que levou à tecnologia da reação em cadeia da polimerase e foi o pontapé inicial da revolução genética não surgiu em uma sala de reuniões, mas ao dirigir em uma rodovia. Muitos diretores executivos dizem que o seu treinamento em liderança veio dos técnicos dos times de beisebol. Grandes engenheiros costumam dizer que suas melhores invenções resultaram de hobbies. Do ponto de vista do negócio, ocupar-se do mundo é o jeito mais eficiente e mais rápido de se sintonizar com o tom do momento dos mercados em que se atua. Do ponto de vista humano, estar em uma comunidade rica e aberta é o modo de construir e enriquecer as redes neurais do cérebro.

Os colegas de escola Eric Ryan e Adam Lowry costumavam se encontrar regularmente para comparar anotações sobre as tendências que observavam, na esperança de identificar um negócio para começarem juntos. No início do ano 2000, eles observaram que as pessoas estavam passando mais tempo e gastando mais dinheiro do que nunca em suas casas – mas os produtos que usavam na limpeza eram tóxicos, cheiravam mal e eram tão feios que precisavam ser escondidos. Que tal criar produtos de limpeza que honrassem o planeta, fossem cheirosos e tão bonitos que poderiam ficar à vista? Essa postura os levou aos produtos de limpeza doméstica Method, um negócio que nunca teria sido possível se Eric e Adam não estivessem abertos ao mundo, atentos às suas tendências e paixões.

Mesmo depois do sucesso do empreendimento, Ryan e Lowry continuaram obcecados por manter a empresa aberta e suscetível ao mundo externo. Como a Method não usa produtos químicos tóxicos, a empresa toda (inclusive P&D) pode estar no centro de San Francisco, e não em um parque industrial. Todos se revezam na recepção e são a face – e a interface – da empresa. Eric senta-se ao lado de Meghan, que atende as ligações gratuitas do serviço de atendimento ao cliente. Ele quer saber por que as pessoas ligam, o que as preocupa, quais são as perguntas e que ideias elas podem ter. Meghan participa das reuniões de design de produtos, para que as conversas dela ecoem e o mundo externo permeie o pensamento da empresa.

Cerca de cem funcionários – pessoal de combate à sujeira – estão espalhados em várias salas amplas, que brilham de tão limpas, abarrotadas de mesas, protótipos e paredes com quadros brancos. A cocriação é trabalho de todos. Há paredes cobertas por quadros brancos em que todos podem acrescentar ideias e *insights*. Mas o espírito de colaboração do qual a empresa depende não se encontra apenas na arquitetura. Ele resulta da sensação de que todos são importantes e todos contribuem. Os fundadores trabalham muito para garantir que todos se sintam conectados, em vez de presos a hierarquias que não podem transgredir. Como consequência, ao entrar em uma dessas salas, não dá para dizer quem é o fundador e quem é o estagiário.

O pessoal de combate à sujeira fala fácil e abertamente sobre os erros cometidos; não há atitude defensiva. Eric e Adam parecem bastante conscientes daquilo que não sabem, e de que precisarão continuar aprendendo com o mundo ao redor.

A Autodesk oferece oportunidades para os funcionários mudarem de vida – trocar de tarefas, mesas e até de casas com colegas de outras cidades e países. A Arup incentiva os funcionários a trabalharem em projetos pelo mundo, acumulando experiência técnica e capital social nos 42 países em que a empresa de engenharia atua. A maior parte das companhias, mais cedo ou mais tarde, insiste com os executivos para que visitem clubes, bares, lojas ou *shoppings* onde seus clientes passam tempo. Muitas empresas incentivam o trabalho voluntário, e algumas recompensam as pessoas especificamente pela amplitude de sua participação em grupos fora do trabalho. Todas essas iniciativas têm o mesmo objetivo: fazer a mente viajar para bem longe da mesa de trabalho, para além da sala de reuniões, para formar novas redes neurais que arejem o pensamento e criem novas conexões.

Como os eventos fora da empresa podem funcionar

Ao organizar o que se tornou a Boston Scientific, John Abele ficou um tanto obcecado com a colaboração. O que a fazia funcionar, por que muitas vezes não funcionava, quais eram as condições mais favoráveis? Para a maioria das empresas, os eventos fora dela são as ocasiões mais críticas, em que pessoas de dentro e de fora da organização se reúnem para tentar resolver problemas difíceis. No entanto, com frequência, essas tentativas de colisões criativas reforçam as estruturas mentais, em vez de redefini-las. Os hotéis parecem muito com os escritórios; os quartos e as suítes também têm uma hierarquia. Os assentos refletem a hierarquia social, e é mais fácil conversar com pessoas conhecidas. Essas experiências desanimadoras inspiraram Abele a criar um cenário diferente para os eventos fora da empresa.

"Eu gostei do Kingbridge porque tem uma exuberância arquitetônica", Abele me disse. "Lá é fácil você se confundir com o local onde está. Há muito espaço (tipos diferentes de corredores) para transitar de um estado de espírito para outro. Há muito espaço nas paredes para arte, e contrastes de um microambiente para outro. Parece que vou atravessar um espelho ou guarda-roupa, no estilo Nárnia. Há muitos espaços que permitem fazer teatro criativo, com música, iluminação etc.

É possível surpreender os hóspedes e proporcionar-lhes a sensação de conforto e atenção pessoal e cordial."

"John queria, quando comprou este lugar, criar um tipo de espaço diferente", Lisa Gilbert me disse. Agora, ela gerencia o centro, depois de uma carreira decepcionante no setor de hospitalidade, que já não considera mais tão hospitaleiro assim.

"Nos hotéis tradicionais, existem quartos de tamanhos diferentes. Ele não queria nenhum quarto diferente: nenhum espaço de luxo, nenhuma suíte presidencial. Tratava-se de nivelar o campo de jogo. Ele também queria criar um espaço mais social. A sala de jantar não parece um restaurante; é como comer em casa. Você vê as barreiras caírem e as pessoas conversarem durante horas. John nunca quis que este lugar fosse projetado por um decorador – cada área é imperfeita, com móveis que parecem os de casa. Você pode apenas passear; as pessoas não se escondem."

Criar um clima de conforto e segurança é uma tentativa deliberada do Kingbridge de tornar os eventos das empresas realizados fora dela o mais diferente possível do local de trabalho. "Tiramos as pessoas da empresa e deixamos que elas se divirtam e vejam coisas novas de forma lúdica, como em um jogo. Se elas podem ser diferentes fora da reunião, podem ser diferentes durante a reunião. Trata-se de cultivar a coragem para explorar."

O Kingbridge está determinado a desorganizar deliberadamente a rotina e os comportamentos estabelecidos. Mudar as regras da vida profissional pode ter o mesmo efeito. Uma das melhores conferências a que assisti continha uma abordagem única na formação de equipes. Durante quatro dias, todos os participantes (inclusive os diretores executivos e presidentes) tinham que trabalhar um turno na cozinha e outro servindo refeições. Você poderia ser servido por um ex-primeiro-ministro ou cozinhar ao lado do chefe de uma ONG. A mensagem era clara: todos tinham uma contribuição a dar e todos eram importantes.

Vá para casa

Com o advento da Revolução Industrial, o trabalho que era feito em casa foi centralizado em escritórios e fábricas. Eles desenvolveram arquitetura, mobiliário, jargões, regras e comportamentos específicos. Isso os deixou muito eficientes, mas também os transformou em ilhas. O jornalista financeiro Gillian Tett destaca que, em Londres, o centro financeiro em Canary Wharf é uma ilha. O isolamento geográfico e mental do resto do mundo foi uma das razões pelas quais os financistas ficaram tão cegos aos riscos que corriam. Da mesma forma, as instalações isoladas e grandiosas que atendem a todas as necessidades humanas são eficientes, mas correm o risco de se tornar bolhas narcisistas, desconectadas, autorreferenciadas e defensivas.

Muitas organizações têm ciúme do tempo gasto fora delas, pois consideram o trabalho como coisa séria, e a casa como algo trivial. Esse é um erro profundo. A casa enriquece o trabalho porque implica mudança de perspectiva. A diferença é o seu valor. Um gerente de produtos da Procter & Gamble descreveu a primeira experiência de ter um funcionário em meio período na sua equipe. Ele não concordou no início, mas a experiência o fez mudar de ideia. "O que eu descobri", ele me disse, "foi que era tremendamente valioso ter alguém que não *estava lá* o tempo todo – que estava fora, em lojas, em casa, conversando com a família, em todos os lugares e com todos com quem deveríamos nos comunicar."

A casa oferece mais do que pesquisa de mercado. Ela pode ser um lugar onde a hierarquia desmorona, onde o desafio pode (e deve) vir de qualquer lugar. As discussões em casa, com pessoas que você não pode demitir facilmente, são um campo de treinamento fantástico para ouvir e mediar interesses conflitantes. A casa é o lugar onde nossos valores estão mais presentes, mais ativos e nos lembram de quem somos e de quem queremos ser. Assim, ela oferece tempo para reflexão e um campo de testes rico para nossas ideias e crenças.

O anestesista Stephen Bolsin lutou durante anos porque trabalhava lado a lado com um cardiologista pediátrico perigoso. As cirurgias demoravam muito, a recuperação era difícil, as crianças morriam. Bolsin não tinha muito apoio dos colegas; os responsáveis pelo hospital não queriam saber. A tentação de desistir e se calar era imensa. Uma noite, porém, ao descrever suas dificuldades para a mulher, a conversa foi ouvida pela filha deles, então com 5 anos de idade. Ela foi até ele e disse: "Você não pode deixar os bebês morrerem, papai". Ver essa dificuldade pelos olhos de uma criança indefesa deu--lhe a energia necessária para perseverar até que as normas fossem mudadas.

Se você tem filhos, sua casa pode ser um ponto de observação do futuro. Se a comunidade empresarial é sempre criticada pelo seu imediatismo, a visão do impacto das decisões sobre as próximas gerações pode ser um antídoto revelador. Não se importe com o que está sendo entregue aos acionistas: O que você está criando para o futuro que está sentado à sua frente no jantar?

Por nos sentirmos inseguros quanto ao futuro e ignorantes das suas demandas, nossa maior resiliência está centrada nas mentes bem abastecidas, livres de barreiras, constantemente repovoadas por novas pessoas, experiências e pelas ideias que elas despertam em nós. O compromisso com a vida não é um rival, mas um parceiro do trabalho. Enriquecidos por experiências amplas e profundas, com a mente livre para se concentrar ou divagar, encontramos o que precisamos dizer – e a coragem para dizê-lo.

5 Líderes em todo lugar

Em um trabalho clássico da psicologia, uma professora de escola primária e um professor universitário se juntaram para estudar quanto as expectativas determinam os resultados. Para isso aplicaram testes de Q.I. em alunos da Califórnia, da primeira à sexta série. Foi dito aos professores que certos alunos – cerca de 20 por cento – eram muito promissores e poderiam chegar a um progresso excepcional. No final do ano, ficou evidente que a previsão estava correta: o Q.I. dos alunos indicados apresentou desenvolvimento superior. Mas, como todas as grandes experiências em psicologia social, esta continha uma armadilha. Os "alunos de grande potencial" foram escolhidos aleatoriamente. O que ficou conhecido como Efeito Pigmaleão afirma que são as expectativas, mais do que a habilidade inata, que influenciam os resultados. Não importa quem tem o dom, quem tem talento. Espere grandes realizações e terá mais chances de consegui-las.

O talento, a energia, o *insight* e a oportunidade de qualquer organização estão centrados nas pessoas. É delas que surgem todas as ideias; são elas o melhor sistema de alarme. Todos os riscos e todas as oportunidades estão na força de trabalho. Nas culturas justas, ninguém precisa de permissão para ser criativo ou corajoso. Mas as pessoas precisam de apoio, incentivo e confiança.

O impacto crescente das grandes expectativas

Depois da publicação das experiências sobre o Efeito Pigmaleão, os pesquisadores não puderam deixar de pensar se esse mesmo efeito poderia ser observado em adultos. Seria possível tornar as equipes mais produtivas apenas esperando mais delas? Dois pesquisadores israelenses – Reuven Stern e Dov Eden – estudaram mil homens em 29 pelotões. Stern reuniu-se com todos os líderes dos pelotões e explicou ser possível, com base nos resultados dos testes, prever o potencial de comando dos soldados. E, para determinados líderes de pelotão, ele avisou que os testes daqueles grupos indicavam um potencial excepcionalmente alto. Nenhum soldado foi excluído; o grupo como um todo é que era promissor. Mais uma vez, os pelotões descritos como de alto potencial haviam sido escolhidos aleatoriamente.

Sem dúvida, aqueles grupos citados como excepcionais acabaram assim; aumentar a expectativa dos líderes sobre seus homens gerou melhorias de pelo menos 20 por cento no desempenho. Além disso, "o Efeito Pigmaleão não é um benefício desfrutado por alguns à custa de outros. É um benefício que pode ser compartilhado por todos". Ninguém precisa falhar para o outro progredir.

Ninguém nesses grupos começou sem aptidão para o serviço, sem entusiasmo ou sem interesse, de modo que havia uma base de comprometimento e adequação para o trabalho. Mas o estudo desafia as organizações de todos os lugares a considerarem como avaliam e gerenciam os talentos. Currículos, entrevistas, testes psicométricos e perfis comportamentais são utilizados na rotina de identificar talentos e potencial. Mas classificar alguns executivos como possuidores de "alto potencial" pode não ser mais do que uma profecia autorrealizável. Dê a esses indivíduos atenção especial, treinamento e apoio, e é claro que eles se sairão bem. Contudo, não se esqueça de considerar a mensagem transmitida aos demais: vocês não têm potencial.

Esqueça a classificação forçada

Muitas organizações incapacitam grande parte da força de trabalho aplicando processos que resultam no inverso do Efeito Pigmaleão. Entre eles, o mais usual é a classificação forçada, um exercício no qual, a cada semestre ou a cada ano, a força de trabalho é avaliada e segregada em um dos três níveis: 10 a 20 por cento de supertalentosos, 10 a 20 por cento de nível inferior, e todo o resto. Você não precisa ser um gênio da matemática para perceber que nesse sistema terá que haver mais fracassados do que vencedores. Os que estão no grupo superior adoram essa classificação, porque eles são confirmados como líderes, talentosos e cheios de possibilidades. Não surpreende o fato de eles terem tendência a atingir as expectativas e se sentirem responsáveis pela organização que identificou e articulou o seu valor com tanta clareza.

E os demais? O grupo inferior é incentivado explicitamente a se desobrigar e sair da empresa – alguns gestores chamam isso de favor. Mas os que estão no grupo do meio – a maioria da força

de trabalho – ficam completamente imobilizados. Poucos do que estão no topo querem atuar como mentores deles, porque isso colocaria em risco o seu próprio *status* de elite. Os pares relutam em ajudar e dar apoio pelo mesmo motivo. Talvez o mais revelador, porém, seja que a segregação dos "melhores" envia uma poderosa mensagem desmotivadora: eles são líderes, vocês não são. O progresso de poucos acontece à custa da passividade e da apatia dos demais. É claro que essa não é a intenção, mas é a consequência. Por que se preocupar com um sistema que não se preocupa com você?

A maior parte das grandes empresas classifica as pessoas na esperança de cooptar a tendência competitiva e conduzi--las a níveis mais altos de desempenho. Na verdade, o sistema desabilita a maior parte da força de trabalho e envia uma mensagem dispendiosa: vocês não são líderes. Tendo o Efeito Pigmaleão em mente, pode-se chamar isto de Efeito Galateia – pegar o talento humano vivo e reduzi-lo a pedra.

A maioria das organizações investe mais em extirpar os de baixo desempenho do que em cultivar a realização multiplicadora. As ferramentas padronizadas de avaliação e classificação proporcionam a ilusão de controle, uma defesa confortável contra os preguiçosos. Mas elas sofisticaram demais a solução do problema menor e ignoraram o problema maior. Faça o contrário – priorize a liberação e a celebração do talento – e garanto que os resultados serão mais vantajosos.

A classificação forçada cria uma hierarquia visível e percebida, que desmotiva a solidariedade e a responsabilidade, justamente as qualidades mais valiosas nas organizações colaborativas e criativas. Ela desvaloriza o capital social. Foi um momento revelador quando um líder que sempre defendeu essa classificação enfim a abandonou – isso foi o que a Microsoft fez em 2013. O novo diretor executivo, Satya Nadella, agora considera fundamental para a missão da empresa fazer tudo o que está ao seu alcance para promover um tipo diferente de *ethos*, chamado de "One Microsoft", no qual todos – e não apenas os melhores – se sintam ativos, valorizados e responsáveis.

"Cultura é tudo", diz Nadella. "É por isso que tento me encontrar com todos os novos contratados graduados. Eles são a nossa força vital! E continuo batendo na mesma tecla – os gestores estão aqui para servir os trabalhadores. Temos que fazer com que as pessoas da base não aceitem essas besteiras. Temos que ter contato com todos. Temos que aproveitar o melhor de todos."

O poder simbólico de eliminar a classificação forçada não foi perdido em relação a ninguém. Nadella enfrenta um desafio maior: como incentivar e motivar cada pessoa em uma grande empresa cheia de indivíduos brilhantes e ambiciosos. Ele não está sozinho. Muitas das empresas globais deram início a programas chamados One Bank, One Store, e One QBE, cujo objetivo é alinhar todos os talentos que possuem, demolir os compartimentos e feudos e liberar o talento de cada funcionário. Isso pode ser mais simples do que muitos percebem.

Líderes acreditam

Quando o Google lançou um programa de mineração de dados para determinar as características dos seus melhores gestores, muitos dos participantes do Projeto Oxygen esperavam que a especialização técnica ocupasse o topo da lista. Entretanto, entre as oito qualidades mais importantes, essa ficou em último lugar. O que mais importava para as pessoas era trabalhar com colegas que acreditavam nelas, preocupavam-se com elas e se interessavam pelas suas vidas e carreiras. E o mais surpreendente de tudo: elas preferiam gestores que as ajudassem a resolver os problemas sozinhas – não dando respostas, mas fazendo perguntas. Dar as respostas encerra a conversa e implica superioridade; mas fazer perguntas, como forma de resolver problemas, implica confiança: você pode resolver isso, só precisa de um pouco de apoio. Mais uma vez, as perguntas são superiores às respostas, e fica comprovado que a conectividade social é muito motivadora.

Acreditar nas pessoas que trabalham com você é eficaz porque lhes dá confiança para perseverar diante das dificuldades. Ao fazê-lo, elas desenvolvem um sentimento de autoeficiência. A experiência demonstra que elas podem ter êxito. Ao merecer confiança, elas aprendem a confiar em si mesmas. As pessoas que são ajudadas por um sistema têm maior probabilidade de assumir responsabilidade por ele. O apoio, a ajuda, a mentoria e a liderança nos tornam ricos e recíprocos.

Quando os executivos acreditam que a especialização e a onisciência são o mais importante, excluem a preocupação com as pessoas ao redor. Conheci um gestor brilhante que se preocupava profundamente com os membros da equipe, com a família deles, suas esperanças e sonhos profissionais e pessoais. No entanto, ele nunca demonstrou isso, acreditando que se tratava de algo banal. Mas quando ele mudou, a resposta foi fenomenal. Tratados como seres humanos integrais, os membros da equipe passaram a dar mais de si no trabalho: toda a energia, imaginação e ideias ficaram disponíveis. O que as experiências do Efeito Pigmaleão e os dados do Google demonstram é que uma das formas mais simples de extrair um ótimo trabalho das pessoas é demonstrar que você confia nelas. Não se trata de intimidade; é questão de enxergar em profundidade as pessoas com quem você trabalha. Dedicar tempo a isso. Parece simples, e é mesmo.

Durante toda a minha vida profissional, as empresas sempre fizeram reestruturações, reengenharias e reorganizações em um esforço para destravar energias e ideias. Isso sempre implica eliminar os indivíduos que são eufemisticamente descritos como moscas-mortas. Mas, para começar, estavam mesmo mortas? A empresa recrutou e contratou gente morta? Claro que não. Foi a falta de tempo, de atenção e de preocupação que matou o interesse e o talento que esses indivíduos tinham quando entraram na empresa.

Distribuição de poder

Quando descrevi a classificação forçada para os engenheiros da Arup, a expressão de assombro interrogativo deles foi muito reveladora. Eles entenderam o conceito rapidamente –

só não conseguiam imaginar como ele poderia ser produtivo. A Arup é uma das mais bem-sucedidas empresas de engenharia arquitetônica do mundo. Entre os seus créditos estão o Estádio Ninho de Pássaro em Pequim, o Edifício Ralador de Queijo, em Londres, a ponte mais longa da Austrália, e uma fachada biorreativa em Berlim, construções que são a vanguarda da engenhosidade humana. Em 69 anos, a empresa nunca perdeu dinheiro, contraiu empréstimos ou diminuiu de tamanho. Terry Hill trabalha na Arup há mais de trinta anos. Ele diz que grande parte do sucesso da empresa sempre dependeu da minimização da hierarquia.

"Antes de entrar na Arup, eu trabalhava com contratantes que sempre tiveram uma hierarquia rígida. Mas aqui havia confiança, e eu podia fazer o meu trabalho. Quando voltei de férias, o sujeito para quem eu trabalhava se ofereceu para trabalhar para mim. Ele tinha sido meu chefe no meu primeiro emprego, e agora eu era o chefe dele no emprego seguinte!"

Na Arup, a flexibilidade não é exceção. As equipes são formadas de acordo com a *expertise* necessária para o projeto – e as habilidades que os engenheiros procuram desenvolver individualmente. Hill me contou sobre uma engenheira que deixou de construir grandes edifícios em Londres para trabalhar com desenvolvimento sustentável na África. Ela queria aprender novas habilidades, e ajudá-la a alcançar seus objetivos aprimorou a capacitação da empresa. O sucesso na Arup não é subir uma escada, mas construir uma estrutura difusa rica em liderança em todos os lugares.

"Nós não recrutamos para preencher vagas", Phil Hood me disse. "Nós nem temos descrições de cargos. Somos bons em liberalidade. Há muita disciplina e processo *naquilo que fazemos*, mas tentamos manter *como fazemos* do modo mais flexível possível."

Um almoço com os engenheiros da Arup é diferente das experiências que tive em outras empresas. Não é apenas a vivacidade espontânea com que as pessoas falam do trabalho ou a agradável ausência de treinamento de mídia que se sobressae na conversa. O que eles descrevem combina com a forma como falam do trabalho. O assunto flui facilmente entre as pessoas, de acordo com quem tem mais experiência ou *insights*. Em vez da hierarquia, o que observei foi a heterarquia: uma estrutura informal que muda conforme a necessidade.

Fundamental para a ideia das heterarquias é acreditar que todos são importantes. Assim como o cérebro humano não é hierárquico – as diferentes áreas e capacidades são recrutadas em combinações diferentes, conforme a tarefa –, nas organizações criativas, todas as pessoas têm valor. Em vez de haver uma classificação indicativa da importância, nas melhores equipes a intenção é fazer todos se sentirem importantes. O respeito provém da capacidade, não do cargo. Quando você trabalha partindo da premissa simples de que todos são importantes, todos contribuem mais. Isso não significa que todos façam de tudo – conhecimento e especialização contam –, mas a liderança é fluida.

A melhor ideia lidera

Todos são importantes. Em empresas como a Morning Star, líder mundial no processamento de tomates, usam-se palavras diferentes, mas a ideia é a mesma. Ninguém tem cargos, classificações ou privilégios. Em vez disso, o mantra é: o conhecimento é o líder. Assim como na Arup, o líder – de um projeto ou problema – é a pessoa mais capacitada para encontrar a melhor solução naquele dia. Na Gripple, uma indústria britânica, prevalece o mesmo espírito. O diretor executivo senta-se junto com o restante do pessoal, e a única descrição de cargo é simples: se a bola está caindo, pegue-a. Jim Henson costumava convidar o porteiro para participar das reuniões. A ausência de hierarquia, de descrições de cargos formais e de classificações é adotada deliberadamente para fazer com que todos se sintam responsáveis e deem o melhor de si.

Em uma das minhas visitas à Arup, perguntei aos engenheiros, já que a empresa tem escritórios no mundo todo, o que eu poderia ver que me mostrasse que estava em um escritório da Arup.

"Você não conseguirá dizer quem é diretor e quem não é", um deles disse. "Todos os escritórios são diferentes. Mas em qualquer um você verá as pessoas trabalhando ao redor de uma mesa, e não terá a mínima ideia de quem é o chefe."

As hierarquias permitem que uns poucos tenham poder e o resto aceite ou caia fora. Nas organizações que lutam para reduzir a estrutura de poder, todos são incentivados a se verem como líderes, capazes de alcançar e gerar sucesso para os outros. É nesse ponto que a organização alcança o santo graal das equipes: a responsabilidade mútua. Se eu sei que posso ter sucesso entre as pessoas que conheço, em quem confio e com quem me preocupo, por que as decepcionaria?

O poder está na ausência de poder

Em 1989, o Protocolo de Montreal determinou a eliminação gradual dos CFCs, os clorofluorcarbonos considerados responsáveis pelo buraco na camada de ozônio sobre a Antártida. Os CFCs eram produtos importantes, usados em refrigeração, aerossóis, carros e em muitos processos industriais. Então houve uma corrida para criar um substituto para os produtos químicos banidos. Aos 39 anos de idade, o diretor-geral da divisão de fluorquímicos da ICI, Geoff Tudhope, enfrentou um grande desafio, ainda mais porque ele não era um especialista no assunto.

"Não sou químico nem engenheiro; me formei em direito", Tudhope me disse. "Então eu precisava ter muito cuidado para dar instruções. Sabia que tínhamos gente boa e um bom histórico nessa área, mas tinha que liderar a partir do aspecto humano."

Assim como o chefe de engenharia, Frank Maslen, Tudhope sabia que o tamanho do desafio de química, combinado com a urgência sem precedentes do cronograma, indicava que a empresa seria forçada a pensar e agir de forma diferente.

"Nós não sabíamos se conseguiríamos fazer aquilo – ninguém sabia", Tudhope recorda. "Mas Maslen me disse três coisas. 'Primeiro', ele disse, 'o que eu quero tentar é isto: nada de estrelas nesta equipe. Todos nós somos apenas cientistas. Ninguém é superior, todos têm um ponto de vista válido. Segundo, trabalhamos em um único padrão: o melhor imaginável.' Então ele acrescentou a última coisa. Disse que eu tinha que cair fora."

Tudhope entendeu a mensagem. Ele sabia que, quando se trata de inovação, o poder pode ser desfavorável e destrutivo. E concordávamos com a visão de Maslen de que a urgência e o tamanho do desafio eram tão excepcionais que nenhuma voz, ideia ou talento poderiam ser desperdiçados. Todos tinham valor. O papel de Tudhope era manter a equipe fiel aos seus princípios.

"Eu observava a linguagem corporal da equipe para ver se todos tinham coragem de dizer o que estavam pensando. Eu estava presente nas reuniões apenas como observador, e ouvia. Alguém parecia marginalizado ou desprestigiado? Alguém permanecia em silêncio? Mas não. As mulheres – nós tínhamos várias cientistas mulheres – também estavam participando ativamente! Muita energia, muita sinceridade. De todos eles."

Sem especialização técnica e sem poder para intervir, Tudhope não ficava sem fazer nada. Ele protegia a equipe mantendo-a nos seus próprios padrões de confiança e sinceridade e comunicando o progresso aos seus próprios chefes, garantindo assim a liberdade da equipe. A confiança elevada com baixos níveis de interferência produziu um resultado hilariante: o Protocolo de Montreal – o mais bem--sucedido acordo ambiental internacional já implementado – previa a eliminação dos CFCs até 1996; a equipe de Tudhope apresentou a sua alternativa em 1994.

"Lançamos a nova tecnologia antes de todos os concorrentes, inclusive a DuPont, conquistamos 40 por cento do mercado dos Estados Unidos a partir do zero, e fomos reconhecidos pela Real Academia de Engenharia com o prêmio MacRobert em 1993! Foi uma realização extraordinária, baseada em confiança, trabalho em grupo e no entusiasmo de ousar ter como padrão o melhor imaginável. Foi uma oportunidade maravilhosa de aprendizado para mim também."

O problema com o poder

"Acredito que, quanto mais poder você delega, mais poder você tem, porque, quando as pessoas sentem que merecem confiança e têm credibilidade, assumem a responsabilidade e não vão decepcioná-lo", Paul Harris escreveu para mim. "Eu julgo a gestão não pelo número de pessoas que ela controla, mas pelo número que ela libera. Minha postura é que nunca aprendi nada com alguém que concorda comigo, então espero que *todos* falem abertamente, mesmo que as opiniões sejam diferentes das minhas ou das dos outros superiores."

Harris é o antigo diretor executivo e cofundador do banco FirstRand, da África do Sul. Apesar de ser um homem rico, seu assunto favorito não é dinheiro ou *status*. O que o entusiasma é reunir as pessoas como iguais. Ele não acha que as pessoas trabalham para ele. Ele trabalha com elas.

O FirstRand é conhecido em todo o sul da África como uma fonte de recursos inovadora e confiável. Já no ano 2000, o banco lançou um sistema eletrônico de pagamentos que conectava compradores e vendedores, e foi pioneiro no uso de telefones celulares para transações bancárias. Essa inovação, Harris insiste, depende da liberdade e do talento da organização toda. Ao conversar com ele, é impossível não perceber que o comprometimento com a igualdade dos seres humanos está profundamente arraigado nele. Harris também percebe que as hierarquias rígidas não funcionam bem; a informação não flui com facilidade do topo até a base, e criticar os poderosos é um jogo trabalhoso e inútil. Foi por isso que Geoff Tudhope concordou em ficar de fora da pesquisa para um substituto do CFC – ele sabia que o *status* poderia arruinar a exploração.

Podemos pensar no poder como um prêmio ou privilégio – mas ele é um problema, e, quanto mais alta a hierarquia, maior o risco. Muitas das recompensas do poder causam, por si só, isolamento: o jatinho particular, a primeira classe, a limusine ou o escritório com a melhor vista estão cercados por paredes, e não por membranas porosas. E o poder muda as pessoas.

As pessoas poderosas, que controlam recursos, tendem a não prestar muita atenção aos que têm menos poder. Nas experiências, elas têm menos capacidade de enxergar as perspectivas visuais, cognitivas e emocionais dos outros, e, em decorrência, fazem julgamentos menos precisos e chegam a um entendimento mais raso. Mais recentemente, imagens do cérebro mostraram que as pessoas com poder reagem menos aos outros. O paradoxo do poder é que, apesar de precisarmos de líderes que demonstrem que se importam com os outros, em geral eles não conseguem fazê-lo.

"Suponho que poderia pedir a opinião deles", um diretor financeiro admitiu de má vontade. Frustrado com a falta de coerência e de energia no seu negócio global, ele sabia que as respostas que procurava estavam com as pessoas brilhantes ao seu redor. Ele as valorizava e sabia que elas se importavam. Mas não achava que poderia pedir ajuda. Espera-se que o líder saiba todas as respostas, não? Essa percepção de si mesmo – a de que, como líder, deveria ser onisciente – transformou-se em uma armadilha pesada da qual ele não conseguia se livrar sozinho.

Assim como uma grande ideia, o poder chega ao auge quando é distribuído. Um pedido de ajuda poderia ter atraído todas as mentes jovens e brilhantes que esse diretor financeiro precisava engajar, rompendo com a hierarquia e a compartimentalização que o imobilizavam. Como Geoff Tudhope descobriu na ICI, quanto mais poder você der às pessoas *ao seu redor*, mais provável será que elas se mobilizem para aperfeiçoar uma tremenda ideia ou clarear um risco incipiente.

Apesar de boa parte da nossa cultura celebrar os líderes como solistas heroicos, a maioria dos diretores presidentes reconhece quanto eles dependem da equipe ao seu redor para se manterem firmes, e que é preciso falar com franqueza e mergulhar fundo na organização para trazer à tona as pessoas e as informações necessárias. Podemos imaginar que as grandes organizações são dirigidas por indivíduos solitários, gênios com talento e carisma incomparáveis, mas as empresas verdadeiramente criativas, adaptáveis e relevantes não concentram o poder nos andares de cima ou nas pessoas de nível superior. Mesmo o ícone, o mito do diretor executivo superastro Steve Jobs, revelou não ser ele a única fonte da maestria em design da empresa.

"O maior equívoco é acreditar que o motivo pelo qual o design dos produtos da Apple se revelou o melhor, com a melhor experiência para o usuário, ou o mais sexy, ou seja lá o que for... se deva ao fato de terem a melhor equipe de design do mundo", afirma Mark Kawano, ex-designer da Apple. "Lá, *todos* pensam na experiência do usuário e no design, e não apenas os designers. É isso que torna tudo no produto muito melhor... muito mais do que qualquer designer ou equipe de designers. O motivo pelo qual aquela estrutura funciona não é o poder dado de cima para baixo. É o poder que vem de todos os lados. Todos se importam."

Lidere de onde estiver

A hierarquia cria um vácuo em torno do qual as pessoas divagam, sem ter certeza de como se conectar. De um lado ficam os gestores, sentindo-se sós, ilhados e isolados pelo peso do poder. Do outro lado ficam as pessoas cheias de ideias, conhecimento, *insights* e energia. Elas ficam esperando permissão – um sinal de que é seguro se manifestar, se expor, avançar. "Não tenho certeza", elas me dizem, "se eu deveria fazer alguma coisa. Ninguém me pediu. Não sou um líder. Não é minha obrigação..."

Pode não ser sua obrigação, mas é a sua vida. A maioria das pessoas passará cerca de 100.000 horas no trabalho. É muito tempo para ficar emperrado com ideias que não encontram saída. Mesmo que você esteja trabalhando em um local com hierarquia rígida, há várias formas de rompê-la, de modo a abrir espaço para a sua contribuição. Uma das culturas mais hierárquicas do mundo é a medicina. Já se sabe que o curso de medicina contém um "currículo oculto" que ensina uma hierarquia rígida, em que a decisão de um médio sênior deve prevalecer, mesmo que esteja errada. Esse ensino longo, difícil, caro, combinado com altos salários e grandes riscos, coloca os médicos em um pedestal, mas é perigoso para os pacientes quando a decisão equivocada de um sênior suplanta a correta de um júnior. Essa é uma das razões pelas quais as *checklists* foram inventadas.

Durante cirurgias grandes, a adoção de *checklists* simples nos hospitais importantes reduziu as mortes e as complicações em mais de um terço. Em parte, porque elas ajudavam os médicos exaustos a se lembrarem de detalhes críticos. (Em geral, elas exigem que todos saibam o nome dos colegas antes do início de um procedimento; não é um nível alto de capital social, mas é melhor do que nada.) Mas o seu verdadeiro poder está no fato de que elas quebram a hierarquia – não importa se o médico é muito sênior ou júnior, a *checklist* prevalece. Não é raro que a responsabilidade de administrar a *checklist* seja atribuída ao membro mais júnior da equipe. Esse mecanismo minúsculo – por representar uma relação de procedimentos acordados – pegou as estruturas de poder tradicionais e profundamente arraigadas nos hospitais e jogou-as pela janela.

Os médicos elaboraram a *checklist* com a ajuda dos colegas do setor de aviação, que, por sua vez, a herdaram de W. Edwards Deming, um estatístico que trabalhou no Japão na década de 1950. Tendo se dedicado principalmente ao setor de manufatura, Deming afirmava que as barreiras entre o pessoal tinham que ser removidas e que os sistemas de avaliação ou classificação anuais deveriam ser abolidos. A mensagem que Deming procurava transmitir era simples: *Ninguém deveria pedir permissão para assumir responsabilidade*. A *checklist* concretiza esse princípio. Ela tira o poder de poucos e o dispersa entre muitos. A *checklist* dá a cada pessoa certo poder.

Maratonas

Todas as empresas enfrentam crises, momentos em que sua forma de trabalhar deixa de parecer relevante ou eficaz. A maior parte das empresas reage de duas maneiras. Ou o diretor executivo se afasta para criar, em geral sozinho ou com uns poucos subordinados de confiança, uma estrutura e uma visão completamente novas, que são transmitidas para os níveis hierárquicos inferiores, ou consultores externos são trazidos para elaborar uma solução, na esperança de que a objetividade (ou ignorância) deles contribua com ideias novas para velhos problemas. Nos dois cenários, uns poucos seres excepcionais são sobrecarregados com esperanças e expectativas desmedidas e, em geral, isso não funciona.

Ninguém está tão comprometido com a organização quanto as pessoas que trabalham lá. Todos os dias elas veem coisas que poderiam ser feitas de um jeito melhor – ou deixar de ser feitas. No setor de *softwares*, as maratonas de profissionais surgiram como um processo em que um grande número de programadores era trazido para colaborar furiosamente, em um curto espaço de tempo, para melhorar ou desenhar novos produtos ou plataformas. E agora esse processo é usado para qualquer tipo de sistema. Quando John Lasseter, da Pixar, achou que a empresa se tornara muito pesada e cara, realizou uma maratona para coletar ideias que, agora ele afirma, revitalizaram a empresa. Em 2011, o governo dos Estados Unidos promoveu uma maratona para coletar ideias para melhorar currículos e reunir cientistas para agrupar diversas disciplinas. Na Grã-Bretanha, comunidades locais criaram maratonas para determinar o futuro das cidades. O objetivo é focar o maior número de mentes possível, por um prazo limitado, em um assunto, desafio ou problema específico. Elas são rápidas, tempestuosas e, de forma estranha, divertidas.

É fundamental que essas maratonas sejam estruturadas, específicas e práticas. Em geral, elas se dedicam a um problema de negócios já definido, como os custos, o uso do tempo, a cultura. Os grupos trabalham juntos – às vezes fisicamente, às vezes virtualmente – para despejar propostas práticas que tratem da questão. O tempo é sempre limitado, e os participantes escolhem no que querem trabalhar. Os líderes seniores podem estruturar a maratona, mas não participam delas; o objetivo é uma abertura exuberante para que ideias e *insights* possam ser trocados rápida e furiosamente. No final de um dia ou dois, cada grupo apresenta as propostas práticas que estão dispostos a defender pessoalmente.

Na última maratona que presenciei, uma unidade de negócios inteira parou de trabalhar por um dia para se trabalhar. Antes de se reunirem, todos tinham sugerido assuntos e ideias, muitos colocados como perguntas importantes: Por que não conseguimos? E se conseguíssemos? A cada hora as pessoas mudavam de grupo, até que, ao fim do dia, elas haviam tratado do mesmo desafio partindo de múltiplos ângulos, com colegas da empresa toda – com muitos dos quais elas nunca tinham nem sequer conversado. O que surgiu foi um plano amplo e profundo para mudança: prático, original, com energia e baseado em comprometimento. Em um dia, a organização passou de amuada, amorfa e descontente a revigorada, repleta de realizações e possibilidades.

Muitas empresas – Pixar, Publicis, Grant Thornton, Leeds Teaching Hospitals NHS Trust, FacSet – utilizam as maratonas como um meio de se aprofundar nas suas organizações para encontrar *insights* e ideias. O melhor resultado é que elas agrupam todos os dons simples das grandes organizações: diversidade de pessoas com mente bem abastecida, trabalhando juntas ao mesmo tempo e no mesmo local, com coragem e confiança para discordar. O que surge? Não apenas soluções, mas o capital social para torná-las reais.

E as maratonas trazem os líderes à tona. Eles não são identificados por títulos ou *status*. São as pessoas que emergem das culturas justas, que pensam por si mesmas. Uma vez que você aceite que todos têm talento, os líderes surgem em todos os cantos. Eles não só conseguem que o trabalho seja feito; eles pensam em como é feito, se precisa ser feito e o que o tornaria melhor. Pensam junto com os outros e dizem o que pensam, estão preparados para ouvir e abertos a mudanças. Isso é mais fácil de ser feito quanto se tem uma experiência rica de vida, capacidade de ouvir, tempo para se concentrar, uma mente bem abastecida para referência, e capital social para ser ouvido. Esses tipos de líderes sabem que têm sucesso quando levam os outros a serem bem-sucedidos, e que o sucesso compartilhado, a alegria, o vigor e a dedicação que eles inspiram persistem e são renovados além dos limites.

EPÍLOGO: CONTRADIÇÕES E CONTINGÊNCIAS

O leitor atento já pode ter identificado algumas contradições intrínsecas à formação de uma cultura sólida: você precisa de descanso e de uma mente bem abastecida. Foco e atenção são vitais, assim como sair para o mundo e passear. *Expertise* e conhecimento são importantes, mas a hierarquia é um obstáculo. Você precisa aprender a pensar por si mesmo, mas também com os outros. Expressar-se é importante, mas alguém precisa se calar e ouvir.

Este livro não oferece uma receita simples para o sucesso; nada de cinco hábitos, seis habilidades ou sete comportamentos que garantem a realização instantânea. E isso é deliberado, porque a liderança empresarial é complexa demais e está sujeita a muitas contingências para ser reduzida a um manual de instruções. Aqueles que procuram um manual acabam frustrados; aqueles que abraçam a dinâmica crescem interiormente. As organizações são sistemas, insensíveis a balas de prata, mas suscetíveis às culturas justas, que tocam a todos. O reconhecimento de que precisamos de silêncio e também de barulho; de tempo para reflexão, mas também de ação; da capacidade de enxergar o potencial de cada indivíduo enquanto construímos o nosso próprio corpo de conhecimento, produz, ao final, mentes adaptativas que reagem à mudança com vigor e integridade.

É fácil imaginar – e alguns podem esperar – que tudo isto logo se torne irrelevante. Os algoritmos estão substituindo cada vez mais grande parte do trabalho humano. Eles produzem eficiência, mas não têm ideias; não podem atender com simpatia e criatividade às necessidades humanas, e oferecem pouco na trajetória das recompensas sociais. Eliminar o atrito não é o mesmo que criar uma experiência rica. Muito melhor é tirar o máximo proveito daquilo que não podemos fabricar: a engenhosidade e a conexão humanas.

As mentes atentas também podem ter percebido uma dica nas entrelinhas: apesar de as pequenas mudanças descritas aqui terem gerado grande impacto nas organizações, elas também têm impacto nas famílias, nas redes e nas comunidades de todos os tipos. Embora eu escreva principalmente sobre empresas, nunca escrevi apenas sobre negócios, porque todo o trabalho que executamos está no mundo e faz parte dele. Na verdade, é quando as empresas se separam do ambiente social em que funcionam que os verdadeiros danos acontecem. Necessitamos não de uma divisão bem demarcada entre os dois mundos, mas de flexibilidade mental para transitar entre eles. A relação da empresa com a sociedade é um dos debates mais urgentes que enfrentamos hoje, e ele não será resolvido se não pudermos aceitar que cada um contribui e precisa do outro. Se houver um vencedor neste debate, todos sairão perdendo.

O objetivo da vida não é estar livre de atritos e falhas, mas enriquecer e ser enriquecido pelos outros. Assim, o objetivo de uma grande carreira ou organização não é a eliminação do erro, mas um relacionamento renovável com o mundo, que cresce à medida que se desenvolve. Para isso, são necessárias todas aquelas pequenas coisas que a vida tem a oferecer: silêncio e barulho, ação e reflexão, foco e investigação, tempo, respeito, erros, invenções, humildade e orgulho na capacidade humana de pensar outra vez.

PEQUENOS PASSOS LEVAM A UMA ENORME MUDANÇA.

Só mais uma coisa...

Um *resort* de Denver, tentando motivar e inspirar seu pessoal de atendimento ao cliente, elaborou um mecanismo simples. Depois de ter feito o que era necessário, pergunte a si mesmo: Eu poderia fazer algo mais para deixar essas pessoas felizes? Em um caso, apontou-se a direção certa aos caminhantes perdidos, mas eles também ganharam lanches e água para prosseguir a jornada. Em outro caso, um operador de telefonia catalogou todas as alternativas fáceis para os problemas recorrentes. Em todos os casos, os funcionários descobriram que sempre conseguiam identificar algo mais que poderia fazer a diferença – e era disso que eles mais gostavam, porque era uma ideia deles.

Então tenho algo mais, bem simples, para perguntar: Qual foi a pequena mudança que causou grande impacto no seu trabalho? Na sua cultura? Deixe sua mente divagar. Você descobrirá. Então compartilhe.

AGRADECIMENTOS

Este livro é resultado de tantos relacionamentos, erros, reflexões e pesquisas de tantos anos, que, se eu fosse enumerá-los todos, a lista ficaria maior do que o próprio livro. Então vou me limitar a agradecer àqueles que desafiaram e provocaram os meus pensamentos mais recentemente. Os mais importantes entre eles foram os executivos com quem trabalhei pelo mundo todo. Observar os problemas que enfrentam, compartilhar a ambiguidade, a complexidade, as frustrações e os prazeres do trabalho deles é um privilégio perpétuo, e sou grata pela honestidade e generosidade que caracterizaram o nosso trabalho em conjunto. Esse processo só confirmou a minha crença de que as pessoas se envolvem com o trabalho para torná-lo melhor.

Sou grata aos mentores da Merryck&Co., que apoiaram meu trabalho com tanto entusiasmo e toleraram minha agenda tantas vezes frustrante. Seus *insights*, suas experiências e sua abertura sempre me inspiram, e tenho sorte em contar com um grupo tão diversificado de colegas afetuosos e brilhantes.

Muitas das organizações para as quais trabalhei estiveram excepcionalmente abertas para mim, e, por essa razão, sempre lhes serei grata. Em especial, gostaria de agradecer a Severin Schwan, Silvia Ayyoubi, Margaret Greenleaf e Dina Sabry Fivaz; todas as conversas que tivemos me deram ideias para reflexão. Na Universidade de Bath, Veronica Hope-Hailey e Christos Pitelis provaram ser excelentes questionadores e colegas. Sem dúvida, a Academy of Chief Executives, a Arup e o King's Fund também representaram um fórum aberto e genuíno para a exploração de ideias, principalmente sobre a importância e o poder do capital social. Na BBC, agradeço a Hugh Levinson, Gemma Newby e Helena Morrison pela ajuda na investigação do conceito de cultura justa. Ben Alcott, Scilla Elworthy, Adam Grant, Verne Harnish, Peter Hawkins, Cathy James, Donald Low e Maria Lepore foram parceiros de pensamentos formidáveis e generosos. A última ideia deste livro devo a Cindy Solomon, cujos *insights* sem rodeios sobre a vida corporativa sempre foram originais e revigorantes. Jenni Waugh demonstrou ter muita paciência com pessoas e ideias, que eu espero terem sido produtivas; já Stephanie Cooper-Lande conseguiu, de alguma forma, gerenciar o meu tempo para que eu pudesse escrever. E, como sempre, devo à minha agente, Natasha Fairweather, o fato de tornar solidário o trabalho solitário de um escritor.

Este livro nunca teria sido escrito se não fosse o apoio e o incentivo entusiástico que recebi da equipe formidável do TED. Gostaria de agradecer especialmente a Juliet Blake e June Cohen, cuja defesa do meu trabalho significou mais do que posso retribuir. Em uma época que celebra a eficiência à custa do diálogo, gostaria de agradecer a Michelle Quint, cuja perspicácia editorial sempre foi profunda e aguda.

Todo livro está ancorado nas costas da família do autor – este, mais do que a maioria. Por que Lindsay, Felix e Leonora toleraram o cancelamento do verão e de tantos fins de semana, eu nunca saberei, mas espero que eles sintam, se é que essas coisas podem ser medidas, que valeu a pena. Eles não podem deixar de saber quanto eu devo a eles, não apenas pela paciência, mas também pela boa vontade para ouvir e debater.

Este livro é dedicado a Pamela Merriam Esty, uma extraordinária colaboradora com o mais refinado espírito de época que já encontrei. Tudo o que eu sei sobre criatividade deve-se ao seu padrão de excelência, e ter sido capaz de trabalhar com ela foi uma das grandes alegrias da minha vida profissional.

REFERÊNCIAS E LEITURA COMPLEMENTAR

CAPÍTULO 1

O livro de Scilla Elworthy sobre o seu trabalho, *Pioneering the Possible: Awakened Leadership for a World that Works*, narra uma vida de trabalho na transformação de conflitos. Você também pode assistir à palestra TEDxExeter em: https://www.ted.com/talks/scilla_elworthy_fighting_with_non_violence?language=en

O fato de a maioria das pessoas preferir manter seus erros em segredo foi analisado pelo professor Jan Hagen, da Escola Europeia de Gestão e Tecnologia em Berlim: http://www.reputabilityblog.com/2014/11/error-management-lessons-from-aviations.html

Devo a Verne Harnish as informações sobre o livro dos erros de Torres.

O livro de Ed Catmull, *Criatividade S.A.*, está repleto de *insights* excelentes.

CAPÍTULO 2

Thomas Malone dirige o Centro de Inteligência Coletiva do MIT. Você pode ler mais sobre esse trabalho em: http://cci.mit.edu. A experiência descrita pode ser encontrada em: http://www.sciencemag.org/content/330/6004/686.abstract. Pesquisas mais recentes indicam que esses pontos observados também são válidos para a comunicação on-line.

O trabalho de Alex Pentland está embutido, de forma bastante acessível, no seu livro *Social Physics: How Social Networks Can Make Us Smarter*. Ele também fez uma palestra TEDxBeacon-Street: https://www.youtube.com/watch?v=XAGBBt9RNbc. Ele escreveu um artigo bom, e você pode encontrá-lo em: https://hbr.org/2012/04/the-new-science-of-building-great-teams

Richard Hackman passou a vida estudando equipes. Um resumo da sua publicação pode ser encontrado em: http://scholar.harvard.edu/rhackman/publications. Em particular, seu trabalho com equipes de inteligência na CIA é – ou deveria ser – leitura fundamental: https://fas.org/irp/dni/isb/analytic.pdf

Relevante também é este artigo de Diana Coutu sobre o motivo pelo qual as equipes às vezes não funcionam: https://hbr.org/2009/05/why-teams-dont-work/ar/1

A solidariedade é uma área de estudo cada vez mais rica. Para leitura complementar, qualquer uma destas indicações darão *insights*:

"Organizational Citizenship Behavior and the Quantity and Quality of Work Group Performance", de Philip M. Podsakoff, M. Ahearne, e S.B. MacKenzie: http://www.ncbi.nlm.nih.gov/pubmed/9109284

"IDEO's Culture of Helping", de Teresa Amabile, Colin M. Fisher, e Julianna Pillemer:

https://hbr.org/2014/01/ideos-culture-of-helping/ar/1

Além deles, *Dar e receber*, de Adam Grant, é um antídoto inspirador à tradição da lei do mais forte nos livros de negócios.

Para a construção do capital social, "How to Build a Motivated Research Group", de Uri Alon, é fundamental. Destina-se a cientistas, mas, como eles foram reconhecidos por resolver problemas difíceis sob pressão de prazo, é valioso para todos: http://www.cell.com/molecular-cell/abstract/S1097-2765(10)00040-7. Esta palestra TED descreve com lucidez a conexão entre medo, risco e inovação: https://www.ted.com/talks/rui_alon_why_truly_innovative_science_demands_a_leap_into_the_unknown

CAPÍTULO 3

Existe agora uma vasta literatura sobre os perigos da multitarefa. Uma boa parte está resumida no Capítulo 4 do meu livro anterior, *Willful Blindness*. Também nesse contexto, todo o trabalho sobre atenção seletiva e limites cognitivos de Chris Chabris e Daniel Simons é seminal e está apresentado de forma acessível no livro *O gorila invisível*. Uma pesquisa mais recente pode ser encontrada em "Cognitive Control in Media Multitaskers", de Eyal Ophir, Chifford Nass e Anthony D. Wagner: http://www.pnas.org/content/106/37/15583. Veja também "A Comparison of the Cell Phone Driver and the Drunk Driver": http://www.distraction.gov/download/research-pdf/Comparison-of-CellPhone-Driver-Drunk-Driver.pdf

Além disso, Russel A. Poldrack escreveu muitos estudos excelentes sobre os sistemas de memória concorrentes do cérebro.

Há também uma literatura igualmente vasta sobre a fadiga. Os dois tópicos estão bem explorados em *Is Work Killing You?: A Doctor's Prescription for Treating Workplace Stress*, de David Posen, MD, bem como no Capítulo 4 de *Willful Blindness*. Um trabalho anterior importante é "Sleep Loss and 'Divergent' Thinking Ability", de J. A. Horne: http://www.journalsleep.org/articles/110604.pdf

A continuidade do trabalho de Marianna Virtanen, que teve início com o estudo de Michael Marmot sobre os funcionários de Whitehall, pode ser encontrada em "Long Working Hours and Cognitive Function": http://aje.oxfordjournals.org/content/169/5/596.full

O estudo de Leslie Perlow sobre o tempo pode ser encontrado em: http://faculty.washington.edu/ajko/teaching/insc541/reading/Perlow1999.pdf

Nosso desagrado em pensar, e o pouco tempo que dedicamos a isso, está medido em dados do governo (http://www.bls.gov/tus/home.htm#data), analisado em um trabalho científico disponível em: http://www.sciencemag.org/content/345/6192/75; e relatado em: http://www.washingtonpost.com/news/to-your-health/wp/2014/07/03/most-men-would-rather-shock-themselves-than-to-be-alone-with-their-toughts/

Caminhar foi bastante explorado como uma forma de pensar. Há uma boa palestra TED de Nilofer Merchant sobre reuniões caminhando: http://www.ted.com/talks/nilofer_merchant_got_a_meeting_take_a_walk?language=en. Ou você pode ler mais no trabalho de Marily Oppezzo "Give Your Ideas Some Legs": https://www.apa.org/pubs/journals/releases/xlm-a0036577.pdf. O assunto também é explorado em *Thrive*, de Arianna Huffington.

Os benefícios de ler literatura foram analisados por David Comer Kidd e Emanuele Castano: http://www.sciencemag.org/content/342/6156/377.abstract

CAPÍTULO 4

A argumentação contra os escritórios abertos foi organizada com inteligência por Maria Konnikova em "The Open Office Trap": http://www.newyorker.com/business/currency/the-open-office-trap

A conferência em que eu servi e preparei refeições foi organizada pela Initiatives of Change at Caux: www.iofc.org

CAPÍTULO 5

O Efeito Pigmaleão na sala de aula foi descrito pela primeira vez aqui: https://www.uni-muenster.de/imperia/md/content/psyifp/aeechterhoff/sommersemester2012/schluesselstudiendersozialpsychologiea/Rosenthal_jacobson_pygmanlionclassroom_urbrev1968.pdf;

mas foi também descrito no livro *Pygmalion in the Classroom*, de Robert Rosenthal e Lenore Jacobson. O estudo subsequente, com pelotões do exército de Israel, pode ser encontrado em: http://psycnet.apa.org/?&fa=main.doiLanding&doi=10.1037/0021-9010.75.4.394

Teresa Amabile passou a vida estudando a criatividade em crianças, a educação e as organizações. Todos os seus livros merecem ser lidos, e ela apresentou uma palestra TEDxAtlanta sobre o assunto: http://www.youtube.com/watch?v=Xd6N8bsjOEE

Os estudos sobre os efeitos do poder estão mais completos em *Willful Blindness*, mas o impacto sobre a empatia está documentado em: http://www.michaelinzlicht.com/wp/wp-content/uploads/2013/06/Hogeveen-Inzlicht-Obhi-in-press.pdf

O *ethos* do design na Apple encontra-se analisado em "4 Myths about Apple Design, from an Ex-Apple Designer": http://www.fastcodesign.com/3030923/4-myths-about-apple-design-from-an-ex-apple-designer

SOBRE A AUTORA

Margaret Heffernan é empresária, presidente de empresa, citada pelo *Financial Times* como uma das melhores autoras da década, pelo livros *Willful Blindness* e *A Bigger Prize*, vencedor do Prêmio Trasmission em 2015. Ela nasceu no Texas, cresceu na Holanda e estudou na Universidade de Cambridge. Foi produtora premiada da BBC antes de retornar para os Estados Unidos para dirigir empresas de multimídia. Heffernan escreve para os blogs The Huffington Post e Inc.com, assessora líderes empresarias e leciona em escolas de negócios no mundo todo. Saiba mais em: www.mheffernan.com.

ASSISTA À PALESTRA DE MARGARET HEFFERNAN NO TED

A palestra TED de Margaret Heffernan, disponível gratuitamente no site TED.com, deu origem ao livro *O poder das pequenas mudanças*

www.ted.com/talks/

PALESTRAS RELACIONADAS NO TED.COM

Margaret Heffernan Fisher: *Dare to disagree* [Ouse discordar]

A maioria das pessoas evita o conflito instintivamente, mas, como Margaret Heffernan nos mostra, a boa discórdia é fundamental para o progresso. Ela ilustra como os melhores parceiros não são câmaras de eco – e como as melhores equipes de pesquisa, relacionamentos e negócios permitem que as pessoas discordem profundamente.

Simon Sinek: *How great leaders inspire action* [Como grandes líderes inspiram ações]

Simon Sinek conta com um modelo simples, contudo poderoso, de liderança inspiradora, que começa com um círculo dourado e a pergunta "Por quê?". Os exemplos incluem Apple, Martin Luther King e os irmãos Wright.

Stanley McChrystal: *Listen, learn… then lead* [Ouça, aprenda… depois lidere]

O general Stanley McChrystal compartilha o que aprendeu sobre liderança nas décadas em que passou no exército. Como você pode construir um sentido de objetivo compartilhado entre pessoas de idades e habilidades diferentes? Ouvindo e aprendendo – e encarando a possibilidade de fracassar.

Fields Wicker-Miurin: *Learning from leadership's missing manual* [Aprendendo a liderar sem um manual do usuário]

A liderança não vem com um manual do usuário, mas Fields Wicker-Miurin diz que as histórias de líderes locais notáveis são a melhor alternativa. Em um salão da TED em Londres, ela conta três dessas histórias.

SOBRE OS TED BOOKS

Os TED Books são pequenas obras sobre grandes ideias. São breves o bastante para serem lidos de uma só vez, mas longos o suficiente para aprofundar um assunto. A série, muito diversificada, cobre da arquitetura aos negócios, das viagens espaciais ao amor, e é perfeita para quem tem uma mente curiosa e vontade de aprender cada vez mais.

Cada título corresponde a uma palestra TED, disponível no *site* TED.com. Os livros continuam a partir de onde a palestra acaba. Um discurso de dezoito minutos pode plantar uma semente ou gerar uma fagulha na imaginação, mas muitos criam o desejo de se aprofundar, conhecer mais, ouvir a versão mais longa da história. Os TED Books foram criados para atender a essa necessidade.

CONHEÇA OUTROS TÍTULOS DA COLEÇÃO

O filho do terrorista – A história de uma escolha, de Zak Ebrahim com Jeff Giles

A arte da quietude – Aventuras rumo a lugar nenhum, de Pico Iyer

A matemática do amor – Padrões e provas na busca da equação definitiva, de Hannah Fry

O futuro da arquitetura em 100 construções, de Marc Kushner

A vida secreta dos micróbios – Como as criaturas que habitam o corpo definem hábitos, moldam a personalidade e influenciam a saúde, de Rob Knight com Brendan Buhler

SOBRE O TED

O TED é uma entidade sem fins lucrativos que se destina a divulgar ideias, em geral por meio de inspiradoras palestras de curta duração (dezoito minutos ou menos), mas também na forma de livros, animações, programas de rádio e eventos. Tudo começou em 1984 com uma conferência que reuniu os conceitos de Tecnologia, Entretenimento e Design, e hoje abrange quase todos os assuntos, da ciência aos negócios e às questões globais em mais de cem idiomas.

O TED é uma comunidade global, acolhendo pessoas de todas as disciplinas e culturas que busquem uma compreensão mais aprofundada do mundo. Acreditamos veementemente no poder das ideias para mudar atitudes, vidas e, por fim, nosso futuro. No *site* TED.com, estamos constituindo um centro de acesso gratuito ao conhecimento dos mais originais pensadores do mundo – e uma comunidade de pessoas curiosas que querem não só entrar em contato com ideias, mas também umas com as outras. Nossa grande conferência anual congrega líderes intelectuais de todos os campos de atividade a trocarem ideias. O programa TEDX possibilita que comunidades do mundo inteiro sediem seus próprios eventos locais, independentes, o ano todo. E nosso Open Translation Project [Projeto de tradução aberta] vem assegurar que essas ideias atravessem fronteiras.

Na realidade, tudo o que fazemos – da TED Radio Hour aos diversos projetos suscitados pelo TED Prize [Prêmio TED], dos eventos TEDX à série pedagógica TED-Ed – é direcionado a um único objetivo: qual é a melhor maneira de difundir grandes ideias?

O TED pertence a uma fundação apartidária e sem fins lucrativos.